지하에서 출토된 문자

경북대학교 인문학술원
HK+사업단 번역총서 03

경북대학교 인문학술원 HK+사업단편
鐘江 宏之 지음 ㅣ 이동주 옮김

이 저서는 2019년 대한민국 교육부와 한국연구재단의 지원을 받아 수행된 연구임
(NRF-2019S1A6A3A01055801)

지하에서 출토된 문자

경북대학교 인문학술원
HK+사업단 번역총서 03

경북대학교 인문학술원 HK+사업단편
鐘江 宏之 지음 | 이동주 옮김

주류성

발간사

경북대 인문학술원에서는 2019년 5월부터 7년간 인문한국진흥사업(HK+사업)의 연구 아젠다인 "동아시아 기록문화의 원류와 지적 네트워크 연구"라는 연구 아젠다를 수행하고 있다. 주된 연구대상은 20세기 초 이래 지금까지 한국·중국·일본에서 발굴된 약 100만 매의 木簡이다. 목간은 고대 동아시아의 각종 지식과 정보를 함축한 역사적 기억공간이자 이 지역의 역사와 문화적 동질성을 확인하는 인문플랫폼이라 할만하다. 다만 지금까지의 목간 연구는 종래 문헌자료의 부족으로 인하여 연구가 미진하거나 오류로 밝혀진 각국의 역사를 재조명하는 '一國史' 연구의 보조적 역할을 하거나, 연구자의 개인적 학문 취향을 만족시키는 데 머문 경향이 없지 않았다. 그 결과 동아시아 각국의 목간에 대한 상호 교차 연구가 미진하고, 목간을 매개로 형성된 고대 동아시아의 기록문화와 여기에 내재된 동아시아 역사에 대한 거시적이고 종합적인 연구가 부족한 것이 현실이다.

이에 우리 HK+사업단에서는 목간을 단순히 일국사 연구의 재료로서만이 아니라 동아시아 고대기록문화와 이를 바탕으로 형성·전개된 동아시아의 역사적 맥락을 再開하고자 한다. 그리고 기존의 개

별 분산적 분과학문의 폐쇄적 연구를 탈피하기 위하여 목간학 전공자는 물론이고 역사학·고고학·어문학·고문자학·서지학·사전학 등의 전문연구자와 협업을 꾀하고자 하며, 이 과정에서 국제적 학술교류에 힘쓰고자 한다. 그 일환으로 우리 사업단이 축적한 목간학의 학문적 성과를 '연구총서'로, 국외 목간 연구의 중요 성과를 '번역총서'의 형태로 발간하고자 한다.

1961년 이래 현재까지 약 47만 매의 목간이 발굴된 일본에서는 목간의 조사와 발굴 및 정리와 연구의 전 과정이 체계적으로 정착되어 있을 뿐 아니라 개론서로부터 전문연구서까지 목간에 대한 양질의 연구 성과가 다양하게 축적되어 있음은 잘 알려진 사실이다. 그렇지만 국내에서는 주로 한일 목간의 형태와 서사 방식 및 내용상의 유사성을 찾아내어 한국 목간이 일본 목간의 원류일 것이라는 점에 주목할 뿐 일본 목간에 대한 전문적 연구는 거의 이루어지지 않았다. 이에 우리 사업단에서는 전문 연구자는 물론이고 목간에 관심을 가진 학문후속세대 및 일반인들의 목간에 대한 탄탄한 학문적 기초 다지기의 일환으로 일본의 연구 성과를 적극 번역 출간하기로 하였는바, 본서가 그 대표적 성과물의 하나라 할 수 있다.

이 책은 고고학적 맥락에서 목간의 발굴로부터 정리 및 활용에 이르는 전 과정에서 문자자료의 개념과 가치를 서술하는 한편, 목간의 형태와 폐기 양상 및 다양한 석독 방법을 제시하고 있다. 아울러 목간에 묘사된 일본 고대사회의 실상을 복원하는 과정에서 특히 종래 문헌자료에서 찾아보기 힘들었던 말단 관리나 서민의 모습을 입체적으로 복원함으로써 목간이라는 1차 사료의 가치 구현에도 남다른 장점을 발휘하고 있다. 이외에 일본의 문자자료를 한반도와 중국에서 발굴된 문자자료와 비교 분석함으로써 일본의 문자문화가 중국에서 한반도를 경유하여 최종적으로 일본열도에 정착한 결과물임을 입증하였다는 점도 주목할 만하다.

본서는 전문 연구서로서의 학술적 가치를 지닌 목간학 개설서로서, 문자문화에 관심을 가진 학문후속세대와 일반 독자들에게 출토 문자자료의 분석과 이해에 유익한 길잡이가 될 것이다. 본서의 한국 출판을 흔쾌히 동의하신 가네가에 히로유키 선생과 번역을 맡아주신 우리 사업단의 이동주 HK연구교수의 수고에 감사드린다. 이러한 학문적 성과의 나눔이 고대 동아시아세계가 공유한 歷史像에 대한 새로운 硏鑽의 계기가 되기를 기대한다.

경북대학교 인문학술원장

HK+사업연구책임자

윤재석

번역원칙

○ 漢字는 목간 석문을 포함해서 모두 한국 한자로 통일

○ 遺跡名

例 : 平城京　헤이조쿄(平城京), 나니와노미야(難波宮)

○ 古代地名
　　　例 : 무쓰국(陸奥國), 데와국(出羽國)

○ 現在地名
　　　例 : 니가타현(新潟縣) 나가오카시(長岡市) 하치만하야시(八幡林)

○ 機関名
　　　例 : 나라현립가시하라고고학연구소(奈良縣立橿原考古學研究所)
　　　奈良文化財研究所는 '나라문화재연구소'처럼 한글로만 표기. '奈文研'
　　　으로 약칭으로 나오는 경우도 '나라문화재연구소'

○ 古代人名
　　　例 : 쇼무(聖武)天皇, 나가야 왕(長屋王)

○ 史料名
　　　例 : 『古事記』※한자로만 표기

○ 年代表記
　　　例 : 엔랴쿠(延暦)8(789)년, 헤이안(平安)시대

○ 부호
　　　인용부호는 ' '로 통일 例 : 「長屋王家令所」→ '長屋王家令所'

○ 필요시 옮긴이가 (※역자주)를 하였다.

차례

III. 출토 문자 자료를 분석하는 관점

IV. 확산 연구 대상 -열도의 끝으로, 국토의 밖으로-

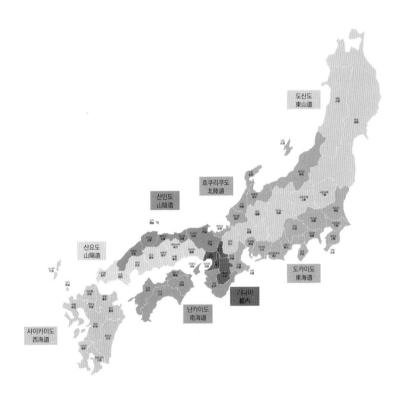

<참고도면 1> 일본 구국명 지도. 출전: 경북대 인문학술원 HK사업단, 『일본목간총람(상)』 2021, 주류성, 125쪽

홋카이도
北海道

아오모리
青森

아키타
秋田

이와테
岩手

야마가타
山形

미야기
宮城

니가타
新潟

후쿠시마
福島

이시카와
石川

도야마
富山

나가노
長野

군마
群馬

도치기
栃木

이바라키
茨城

후쿠이
福井

기후
岐阜

사이타마
埼玉

돗토리
鳥取

돗토리 돗토리
鳥取

시마네
島根

오카야마
岡山

효고
兵庫

교토
京都

시가
滋賀

아이치
愛知

시즈오카
静岡

지바
千葉

야마나시
山梨

도쿄
東京

가나가와
神奈川

히로시마
広島

야마구치
山口

미에
三重

나라
奈良

오사카
大阪

와카
和

고치
高知

가가와
香川

도쿠시마
徳島

에히메
愛媛

후쿠오카
福岡

사가
佐賀

오이타
大分

나가사키
長崎

구마모토
熊本

미야자키
宮崎

가고시마
鹿児島

<참고도면 2> 일본 현명지도. 출전: 경북대 인문학술원 HK사업단, 『일본목간총람(상)』, 2021, 주류성, 126쪽

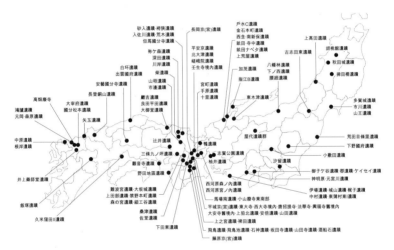

<参考도면 3> 일본목간 출토 주요 유적. 출전: 경북대 인문학술원 HK사업단, 『일본목간총람(상)』,
2021, 주류성, 127쪽

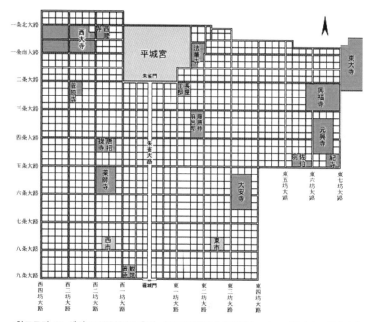

<참고도면 4> 헤이조쿄(平城京) 출전: 奈良市埋藏文化財調査センター,『奈良市の埋藏文化財』2018, 7쪽

13

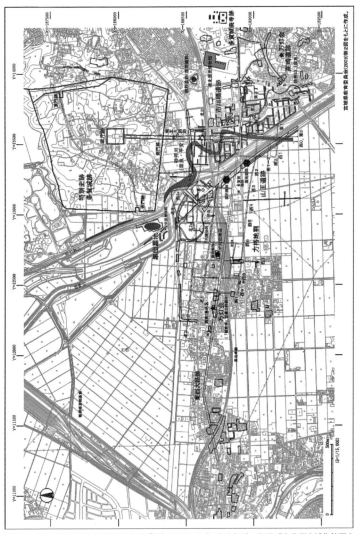

<참고도면 5> 다가조(多賀城)주변유적. 출전: 柳澤和明, 「國府多賀城の祭祀」『東北歴史博物館研究紀要』 2011, 30쪽. 柳澤和明作圖

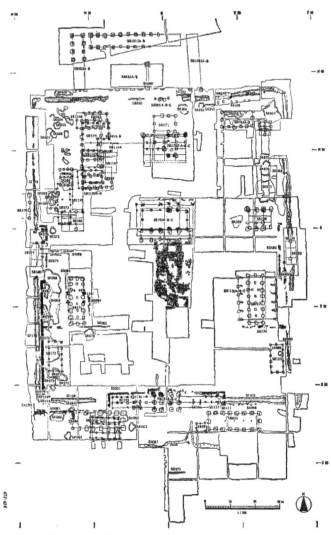

<참고도면 6> 다가조(多賀城)정청. 출전: 宮城縣教育委員會, 『多賀城蹟-政廳蹟本文編-』, 1982

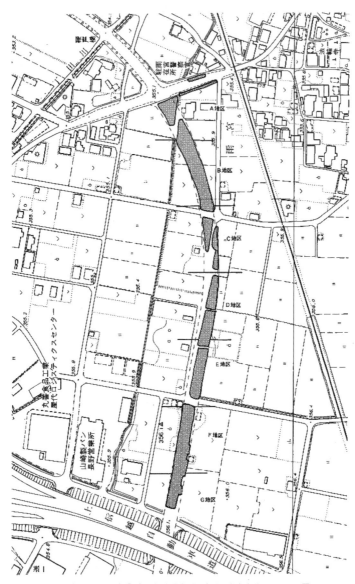

<참고도면 7> 야시로(屋代)유적. 출전: 更埴市教育委員會, 『屋代遺蹟群』 2000, 10쪽

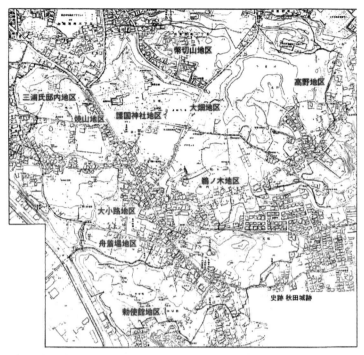

<참고도면 8> 아키타성(秋田城) 주변 조사지구. 출전:秋田市敎育委員會, 『秋田城蹟』, 2002, 18쪽

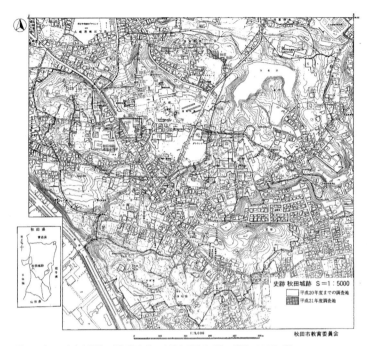

<참고도면 9> 아키타성(秋田城) 출전:秋田市教育委員會, 『秋田城蹟』 2009, 1쪽

　　　지하에서 출토된 문자

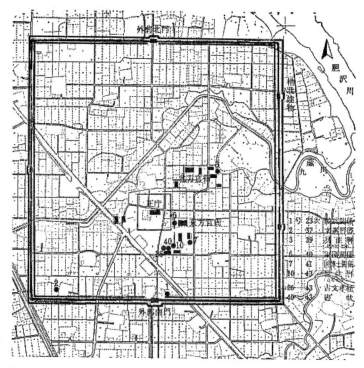

<참고도면 10> 이사와조(胆澤城) 출전: 岩手縣水澤市敎育委員會, 『胆澤城』, 1982

<참고도면 11> 시와조(志波城) 전도. 출전: 盛岡市敎育委員會,『志波城蹟』, 2000, 25쪽

지하에서 출토된 문자

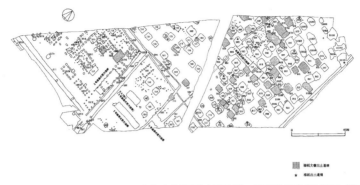

<참고도면 12> 가노코(鹿の子)C 유적. 출전: 茨城県教育財団, 『鹿の子C遺蹟-遺構·遺物編(下)』附圖 1, 1983. 平川南, 「漆紙文書に関する基礎的研究」『国立歴史民俗博物館研究報告』第6集, 1985, 37쪽

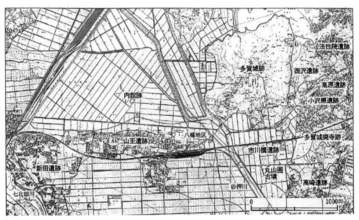

<참고도면 13> 산노(山王)유적. 출전: 多賀城市教育委員會, 『山王遺蹟 -第17次調査-』, 1995, 1쪽

고대사 연구와 출토 문자 자료

최근 목간 등 출토 문자 자료가 뉴스에서 다뤄지는 기회가 늘고 있다. 신문의 문화면에서는 일년에 몇 번은 사진을 넣어 전하기도 하고, 때로는 제 일면 기사에 컬러 사진이 실려 진 것도 있다. 새로이 발견된 문자가 지면을 덮을 때 마다 역사의 연구는 항상 진보하고 과거의 사실을 해명해 나갈 에너지로 가득찬 것 같다. 출토 문자 자료를 통해 과거 사람들이 기록한 문자가 생생하게 드러나 과거 사회에 대한 이미지는 대단히 풍부해졌다고 할 수 있겠다. 이러한 평가를 받는 출토문자자료 중에는 헤이조큐(平城宮) 터[1] 內裏 北外郭 관아 출토 목간처럼(그림 1), 중요 문화재로 지정 받게 된 것도 있다 .

유적의 발굴 조사 등을 통해 출토된 문자가 적힌 유물을 출토 문자 자료라 한다. 이 정의에 따르는 한 출토 문자 자료는 어느 시대의 유물인지를 제한할 수 없는 폭 넓은 사료이다. 고대 사회뿐 아니라 중세 · 근세 · 근대에도 가끔 사료로 땅속에 묻혀져 버린건 어느 시대에나 있고, 현대의 발굴 조사를 통해 출토 문자 자료로 다시 지상에 등장한다. 예를 들어, 도쿄의 신바시(新橋) 정거장 유적[2]의 발굴 조사에서 메이지(明治) 초 기차표가 발견되었는데, 이것도 훌륭한 출토 문

---

1) 헤이조큐(平城宮) 710(와도(和銅) 3)년에 천도된 헤이조쿄(平城京)의 중심시설. 내리, 대국전, 조당원 외, 중앙 각 관사도 배치되었다.

2) 신바시(新橋)停車場蹟; 1872(明治 5)년에 일본에서 최초로 개업한 철도의 기점이 된 신바시(新橋)停車場 遺蹟. 재개발에 수반하여 발굴조사가 이루어졌고, 현재는 국가지정사적으로 일부가 공개되어 있다.

<그림 1> 중요문화재 목간(헤이죠큐(平城宮)
목간1호(오른쪽) 및 3호(ⓒ나라문화재연구소)

　　　지하에서 출토된 문자

<그림 2> 신바시(新橋)停車場 유적에서 출토된 기차표.

자 자료이다.

　그러나 고대 사회를 규명하는 데 출토 문자 자료가 가지는 의미는 그 이후 시대보다 크다. 옛 시대의 서적이 시대를 거쳐 전해지는 경우는 시대가 지남에 따라 전해지는 수는 줄어들고 한정된다. 결국 옛 시대의 서적은 새로운 시대의 것보다도 일반적으로 잔존 비율이 적다. 이렇게 생각하면 한정된 문헌을 최대한 이용해도 고대 사회에 대해 얻을 수 있는 정보에는 한계가 있다. 출토 문자 자료의 발견은 이러한 傳世 사료에 의한 한계를 넘어 傳世된 문헌 이외의 정보를 제공할 수 있게 되었다. 과거 사회를 해명하기 위한 유용하고 새로운 사료가 향후 증가 할 가능성을 보여준다.

　이 책에서는 고대 출토 문자 자료에 대해 소개하고자 한다. 출토 문자 자료가 현재의 역사 연구에서 어떻게 활용되고 있는지 이해가 깊어질 수 있다면 다행이겠다.

I

출토 문자
자료 란
무엇인가

묻혀진 것, 매립한 것

책의 형태로 세상에 전해져 온 문헌과 출토 문자 자료의 가장 큰 차이점은 그것이 지하에서 발견 된 것, 말하자면 묻혀진 것, 내지 매립한 것이란 것이다. 지하에 묻혀있는 상태에 이른 경위는 두 가지로 나누어 생각할 수 있을 것 같다. 첫째, 불필요하게 되어 폐기 시켜 매립한 것, 혹은 폐기 된 후에 관리되지 못하고 자연스레 묻혀져 버린 것이고, 둘째는 남겨 질 것을 의도해서 기록하여 정중히 매립해 버린 것이다.

우선 첫째로 불필요하게 되어 폐기된 것에 대해서는 이것들은 알기 쉽게 말하면 "쓰레기"이다. 그러나 버려진 당시에는 쓰레기였어도 현대 우리들에게는 매우 귀중한 사료가 된다. 얼마나 귀중한 것인지에 대해 조금 장황하겠지만 서술해 두고자 한다.

역사를 생각하는 단서가 되는 사료로 전해져 오는 문헌이 있는데, 이것에는 역사서·법전 등의 편찬물과 고기록(古記錄)[3]·고문서(古文書)[4] 등이 있다. 그러나 이들 대부분은 이유가 있어서 의도적으로 남겨진 것이다. 예를 들어, 역사서는 편찬자의 입장에서 필요한 사항을 채택하고, 편찬자의 가치관에 따라 내용이 선택된다. 고대 일본의 경우 정부 사업으로 편찬된 육국사[5]는 정부의 입장에서 기사가 선택되

---

3) 고기록(古記錄); 개인의 일기와 관사의 사무일지 등 주로 날마다 기록한 일기, 일지 체재의 사료.
4) 고문서(古文書); 명령서, 편지, 계약서, 전표 등 개개의 목적을 위해 기록된 서류로서의 사료.
5) 육국사(六國史); 율령제하 국가에 의해 편찬된 『日本書紀』『續日本紀』『日本後紀』『續日本後紀』『日本文德天皇實錄』『日本三代實錄』 등 여섯 가지 사서의 총칭.

어 서술이 이루어진 것이다. 또한 고문서도 그 문서가 무엇인가의 증명으로 필요했던 경우가 많다. 토지의 권리를 보장하기 위해 상속·양도·매매 등의 절차를 증명하는 서류가 작성되어 그 권리를 보장하는 권력자의 명령서가 작성되었다. 오늘날 남아있는 많은 문서는 이러한 과거로 부터 권리를 증명하기 위해 보관되어 온 것이며, 의도적으로 선택된 문서인 셈이다.

이처럼 역사서나 전래하는 고문서는 선택된 정보를 전하고 있다. 즉 이 사료로부터 직접 알 수 있는 건 역사상 한정된 범위의 정보에 지나지 않는다. 그러나 우리들에게 과거의 사회란 그렇게 선택된 재료에서 전해진 것이 전부가 아니다. 전해지지 못했던 부분도 포함하여 다양한 양상을 가진 사회 전체에 대해 가능한 한 알려고 하는 것이 史實을 밝히기 위한 필요한 태도 일 것이다.

쓰레기로 버려진 것은 버려진 당시에는 남길 가치가 없어 방치된 소위 일상의 흔한 정보이다. 그러나 오히려 당시 일상의 장면을 생각하기에는 선택된 정보만 남길 수밖에 없는 역사서보다 훨씬 유용하다. 당시 사람들이 일상을 어떤 고뇌에 직면했고 그것을 어떤 방법으로 타개하려 하였는지 이런 극히 평범한 일상 업무와 생활의 양상은 폐기된 문자 자료로 밖에는 알기 어렵다. 출토 문자 자료가 가진 중요성 하나는 이렇게 일상성을 이야기하는 사료라는 점에 있다.

다음 두 번째 의도적으로 매립한 것에 대해서는 무덤에 매장할 때 매납된 묘지 등이 이것에 해당한다. 출토 문자 자료 중에 양은 많지 않지만, 무엇인가 필요해서 땅속에 묻은 것에는 매납 행위에 수반되는 어떠한 사고가 반영되어있다. 무엇 때문에, 어떤 형태로 만들어 어디에 매납할 것인가를 생각하는 것에 의해 당시 사람들의 사고에 접근하는 것이 가능하다. 당시 사람들에게는 당연한 행위라 할지라도 현재 우리들의 상식과 다른 경우가 많다. 이런 종류의 자료도 마찬가지로 전래 서적에서는 알기 어려운 당시 사람들의 삶을 밝혀준다.

이처럼 출토 문자 자료는 편찬물이나 고문서에서는 알기 어려운 역사상의 다양한 측면을 밝힐 수 있는 가능성을 내포하고 있다. 구체적인 사례는 이 책 속에서 소개해 나가기로 하겠지만, 여기서 다른 두 가지 유형을 염두에 두는 게 고찰의 전제가 된다. 지하에서 나온다는 점에서 공통하고 있어도 땅 속에 남기고자 묻은 것인지, 불필요하게 되어 버려진 것인지 묻은 사정에 따라 내용은 전혀 다르다. 출토 상황이 가진 의미를 이해하는 게 각각의 자료를 이해하는 데 필요하다.

유적·유구와의 관계

출토 문자 자료는 유적에서 발굴된 유물의 일부이며, 출토된 유적·유구와 무관할 수 없다. 어떤 출토 문자 자료가 나온 것인가는 유적·유구를 고찰하는데 중요한 논점이며, 그 유적이 어떤 성격인지 단적으로 보여주는 가장 중요한 열쇠가 되는 경우도 많다.

가령 1986(쇼와(昭和) 61)년부터 89(헤이세이(平成) 원)년에 걸쳐 발굴 조사된 헤이죠쿄(平城京) 左京 3조 2방의 1, 2, 7, 8평의 4평분을 차지하는 저택유적은 조사를 담당한 나라국립문화재 연구소(현재는 나라

문화재 연구소)⁶⁾에 의해 나가야 왕(長屋王) 저택⁷⁾이었다고 결론짓게 된 최대의 근거가 바로 다음의 목간이다(그림 3).

<그림 3> 雅樂寮移長屋王家令所
목간(ⓒ나라문화재연구소)

---

6) 나라문화재연구소(奈良文化財研究所); 독립행정법인의 문화재 총합연구조직. 전신인 1952(쇼와(昭和) 27)년에 설치된 국립나라문화재연구소(奈良國立文化財研究所)의 시대 부터 헤이조큐(平城宮) 터와 아스카(飛鳥), 후지와라쿄(藤原宮) 터의 발굴조사를 실시.

7) 나가야왕(長屋王); 676 혹은 684~729년. 天武天皇의 손자, 高市皇子의 아들이며, 右大臣에 오르지만 藤原武智麻呂와의 대립으로 무고에 의해 自盡.

· 雅樂寮移長屋王家令所　平群朝臣広足
　　　　　　　　　　　　　右人請因倭儛

· 故移　　十二月卅四日　少属白鳥史豊麻呂
　　　　　　　　　　　　　少允船連豊

　이 목간은 궁중의 악무를 담당한 雅樂寮라는 관서에서 나가야 왕 (長屋王)가의 사무소인 '長屋王家令所'에 보낸 '移'라는 공식 문서이다. 공적인 의뢰 문서로 아악료가 舞樂의 舞人 파견을 요청한 것이며, 이것이 출토된 저택 유적에는 문서의 수신처인 나가야왕의 사무국이 있었다고 할 수 있다. 異論도 있겠으나, 이렇게 생각하는 것이 대개 타당한 견해로 자리 매김하고있다.

　또한 1979(쇼와 54)년에 헤이조쿄(平城京)가 있었던 나라 분지 동쪽, 야마토 고원에 해당하는 나라시 동부의 고노세정(此瀬町)의 차밭에서 한 묘지가 발견되었고, 그곳에서 다음과 같은 문자를 기록한 동판이 발견되었다.

左京四条坊従四位下勲五等太朝臣安万侶以癸亥

年七月六日卒之　養老七年十二月十五日乙巳

이 동판의 문자 내용에서 『古事記』[8]의 집필자였던 태안만려[9]의 묘(※옮긴이: 1979년 1월 23일 나라현 가시하라 고고학연구소에 의해 나라시 코노세마치의 차밭에서 오오노야스마로의 묘가 발굴되었다. 이때 숯덩이 속에서 화장된 인골, 진주가 넣어진 목궤와 墓誌가 출토되었다)임이 밝혀지게 되었다(그림 4).

이 묘지외에는 매장된 인물을 알 수 있는 유물은 없다. 묘지는 어떤 인물이 묻혔는지는 가장 잘 알 수 있는 귀중한 유물인 셈이다. 이 무덤 부근에는 고닌(光仁)天皇[10]의 타하라(田原)東陵과 시키노(施基) 황태자[11]의 타하라(田原)西陵 등이 있으며, 이외 나라 시대의 화장묘가 일부 확인된다. 야마토 고원에서는 이 밖에 옛 쓰게촌(舊都祁村)에도 729(진키(神龜) 6)년에 죽은 오하리다노야스마로(小治田安萬侶)의 묘지가 확인되며(그림 5), 헤이조쿄(平城京)에서 약간 떨어진 야마토 고원에 나라 시대 귀족의 묘지가 여럿 만들어진 것으로 추정된다.

---

8) 『古史記』 712(和銅5)년 성립. 덴무(天武) 천황의 명으로 히에다노아레(稗田阿禮)가 황실의 계보나 신화, 전설을 암송했는데, 덴무 천황 사망후 25년이 지난 711년 겐메이(元明) 천황이 오오노야스마로(太安萬侶)에게 명하여 기록한 것이라 전한다. 712년 완성하여 천황에게 헌상했다.

9) 오오노야스마로(太安萬侶) ?~723년. 나라(奈良)시대 전기의 관인. 第四位下民部卿에 까지 이르다. 『古史記』 편찬자로 저명

10) 고닌(光仁)天皇; 709~781년. 텐지(天智)天皇의 손, 시키노(施基)皇子의 아들에 해당하며, 시라카베(白壁)王이라는 이름으로 쇼토쿠(称德)天皇 붕어시에는 大納言. 후지와라노나카데(藤原永手)에 의해 옹립되었고, 황위를 이었다.

11) 시키노(施基)皇子; ?~716년. 시키(志貴)皇子라고도 한다. 텐지(天智)天皇의 第7皇子로 고닌(光仁)天皇의 아버지. 고닌(光仁)天皇 즉위에 수반하여 카스가노미야고우(春日宮御宇)天皇으로도 불리게 된다.

<그림 4> 오오노야스마로(太安
萬侶) 墓誌(ⓒ文化庁所蔵·奈良
県立橿原考古学研究附属博物
館保管)

<그림 5> 오하리다노야스마로
(小治田安萬侶)墓誌(ⓒ동경국
립박물관)

출토 문자 자료는 유적의 연대를 고찰하는데에도 중요한 정보를 제공한다. 유적에서 출토된 유물, 가령 기와나 토기 등과 같이 시대에 따라 양식의 유행에 변화가 있는 것은 그것을 양식별로 그룹으로 나누어 그룹별로 상대적인 시대의 전후를 식별할 수 있지만, 그것이 절대 연대의 어느 시기에 해당하는지는 판단하기 어려운 경우도 많다. 어느 양식이 일반화되는 20년부터 30년의 기간이 8세기의 전반인가 중반인가 판단이 흔들리는 문제에 대해서도 같은 유물층에서 연대를 기록한 문자 자료가 보인다면, 연대를 특정할 수 있는 유력한 논거를 얻을 수 있게 된다.

아키타 현(秋田縣) 아키타시(秋田市) 서부, 오모로기타(雄物川)하구 근처에 위치한 아키타성(秋田城)[12]유적의 우노키(鵜ノ木) 지구에는 아키타 성 외곽의 외측에 인접한 굴립주 건물군이 발견되었고, 그 속에서 깊이 5.5m의 대규모 우물이 검출되었다. 우물 속에서(그림 6) "天平六年月"이라 못 같은 날카로운 것으로 刻書된 목간이 출토되었다(그림 7).

이 우물은 덴표(天平) 6(734)년 전후에 사용되었던 것이다. 『續日本紀』[13]에는 덴표(天平) 5 (733)년에 데와노사쿠(出羽柵)[14]를 추전촌의

12) 아키타성(秋田城); 아키타시(秋田市) 데라우치(寺內)에 소재하는 성책시설. 733(덴표(天平) 5)년에 데와노사쿠(出羽柵)이 秋田의 땅에 옮겨지고, 덴표호지(天平寶字) 연간(757~765) 무렵 아키타성(秋田城)이라 개칭되었다. 데와국(出羽國) 최북단의 성책으로 북방의 蝦夷(에미시)와 교류의 장이 된다.

13) 『續日本紀』; 797(엔랴쿠(延曆) 16)년 성립의 국가편찬 사서. 몬무(文武)天皇 즉위부터 간무(桓武)天皇 치세 도중까지를 기록하였다.

14) 데와노사쿠(出羽柵); 본디 데와군(出羽郡) (현 야마가타현(山形縣) 사카타시(酒田市))

<그림 6> 아키타성(秋田城)의 우물

다카기미츠노오카(高淸水岡)으로 옮겼다
는 기사가 있고, 남방의 쇼나이(庄內)평
야에 있었던 것으로 보이는 데와노사쿠
(出羽柵)가 아키타(秋田)의 땅까지 북으로
옮긴 것을 알 수 있다. 덴표(天平) 6년은
바로 북쪽으로 옮긴 직후의 시기여서 이
전한 데와노사쿠(出羽柵)가 이곳에서 운
영되었음을 보여준다. 이 목간에 의해
데와노사쿠(出羽柵)가 아키타에서 활동

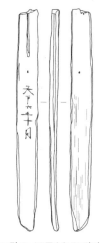

<그림 7> '天平六年月' 각서 목
간(아키타성(秋田城) 1호 목간)

부근에 있었는데 733(덴표(天平) 5)년에 아키타(秋田)로 옮겨졌다.

개시기가 『續日本紀』의 기술대로 인 것이 밝혀지게 되었다. 유적의 활동연대를 고찰하는 선상에서 중요한 자료라고 하겠다.

또한 어느 유적이 어떤 성격을 가지고 있는지 판단하기 어려운 경우에도 출토 문자 자료가 유력한 정보를 가지고 있는 것이 많다. 시즈오카현(靜岡縣) 후지에다시(藤枝市)의 미코가야(御子ヶ谷) 유적은 구릉의 북쪽 기슭에 해당하는 남북 70m, 동서 80m 정도의 평탄부에 다수의 굴립주건물이 발견되었다. 1977(昭和(쇼와) 52)년에 이루어진 조사에서 다양한 생활 용품 외에 문필과 관련된 관리의 존재를 엿볼 수 있는 훌륭한 둥근 벼루도 출토되었고, 이 유적의 성격을 고찰할 때 유력한 정보를 제공한 것이 대량으로 출토된 묵서 토기였다. 이 유적은 고대 시다군(志太郡)에 해당하고, '志太' '志太廚' 등이라 기록한 것이 많이 보이며, 게다가 '大領' '志大領' '郡大領' '志太少領'

'志太少'라는 문자도 보여, 이 건물군에 郡司의 장관, 차관인 대령, 소령이 있었음이 드러나게 되었다. 이게 미코가야(御子ヶ谷) 유적을 관사인 志太郡家로 볼 수 있는 유력한 근거가 된다.

이처럼 출토 문자 자료는 그 자료가 출토된 유적을, 그리고 유적 중에 그 자료가 발견되는 장소의 유구를 고찰할

<그림 8>-志太少領묵서토기

때 중요한 정보를 제공한다. 한편 그 반대로 자료에 기록된 문구를 이해하기 위해서도, 유적·유구에 대한 정보를 함께 살펴 볼 필요가 있다.

미야기현(宮城縣) 다가조(多賀城)市 산노(山王)유적에서는 그림 9와 같은 목간이 출토되었다. 현 상태는 하부가 부러져 있지만, 본래는 가늘고 긴 막대 모양의 부분이 아래에 이어져 제첨축이라 불리는 형식의 문서를 말기 위한 축이 된다.

<그림 9> 산노(山王)유적 國守館 터 목간(양면 모두 '右大臣殿餞馬收文'이라 쓰여있다. (ⓒ多賀城市教育委員會)

<그림 10> 국수관복원도
(ⓒ多賀城市教育委員會)

<그림 11> 출토된 사치품(주전자와 녹유도기 접시)(ⓒ多賀城市教育委員會)

산노 유적은 다가조(多賀城)¹⁵⁾유적의 남동측에 접하고, 동서, 남북으로 뻗은 도로에 의해 바둑판 모양으로 구획되고, 다가조(多賀城)라는 행정시설의 주변에 소재한 이를테면 당시 시가구역이었다. 목간이 출토된 구획에는 동서 9칸¹⁶⁾이상, 남북 4칸의 사면에 처마가 붙은 건물이 확인되었다. 이 정도 규모의 건물은 시가 구역 중에서 별도의 격이 있고, 일상 생활 용품에 섞여 다량의 녹유도기·회유도기·중국산 도기 등 많은 사치품도 출토되었다. 다가조 등 전국의 국부에는 國司 등의 관인을 위한 館舍를 갖추고 있었던 게 알려져 있고, 이 유적은 규모로 보아 장관인 國守의 관사일 가능성이 높다. 목간에 보이는 '收文'이란 말에는 물품 수령시 영수증의 의미가 있으므로, 이곳이 국수의 관이라면 이 收文은 陸奥守¹⁷⁾의 주변에 보관된 것이 된다.

하나무케노우마(餞馬)는 새로 승진·부임시 축하로 선물하는 말인데, 陸奥守로부터 右大臣에게 보내졌을 것이다. 헤이안 시대에는 陸奥出羽按察使¹⁸⁾를 大納言이 겸임한 예가 많아, 대납언에서 우대신으로 승진하면 兼官을 떠나는 관례가 있다. 아마도 어떤 大納言이 우

---

15) 다가조(多賀城); 陸奥國(무쓰국)의 중심이 되는 성책시설. 720~721(養老4~5)년 무렵 설치되었고, 陸奥國府가 두어졌고, 802(엔랴쿠(延曆)21)년까지는 鎭守府도 두어졌다.

16) 間; 건물의 기둥과 기둥 사이를 헤아리는 단위. 가령 동서방향에 기둥이 6개, 남북 방향에 기둥이 4개가 된다면 동서 5칸, 남북 3칸이라 헤아린다.

17) 육오수(陸奥守); 陸奥國司의 장관

18) 안찰사(按察使); 8세기 전반 일시적으로, 인접한 여러 國司를 관할하는 상급지방관으로서 전국에 두었으나 정착되지 않고, 陸奥出羽按察使 이외는 폐지되었다. 陸奥出羽按察使는 헤이안(平安)시대까지 남아있었다.

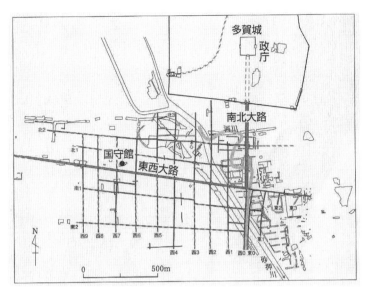

<그림 12> 國守館 유적 위치도(ⓒ多賀城市敎育委員會)

대신으로 승진하여 陸奧出羽按察使의 직임에서 벗어나게 되었고, 그 승진 축하로 육오국 특산의 양마가 陸奧守에게 보내졌을 것이다. 陸奧出羽按察使는 관제 상으로 陸奧國司·出羽國司를 관할하는 관계에 있고, 餞馬는 상사에 대한 승진 축하라 할 수 있다. 이 해석에 있어서 출토된 지점이 館舍터로 간주하는 것이 유력한 논거가 된 것이기 때문에 출토 문자 자료의 문구를 이해하기 위해서는 유적의 정보가 크게 필요하다.

출토 문자 자료의 종류

여기서 출토 문자 자료로 어떤 것들이 있는지, 개략적으로 정리해 두기로 한다. 표1에서는 어떤 재료에 쓰여지는가, 또 어떤 방식으로 쓰여지는가라는 두 가지 관점에서, 주요 종류의 출토 문자 자료를 분류해 보았다. 각각의 출토 문자 자료는 이 조합의 하나일 수 있겠으나, 복수의 조합으로 걸친 것도 있다.

표 1. 출토 문자 자료의 종류

		문자를 기재하는 방법					
		묵서	주서	대칼	각자	각인	상감
기록된 소재	종이	칠지문서	칠지문서		칠지문서		
	나무	목간			목간		
	금속				묘지 골장기 경통		도검
	토제품	묵서토기 문자와 와경	주서토기	대칼로 쓴 토기 문자와 와경 경통	각서토기	각인토기 각인와	
	돌	석경			비		

아래에서는 주요 종류의 출토 문자 자료를 간략히 소개해 두고자 한다.

木簡은 출토 문자 자료 가운데 가장 널리 알려진 존재일 것이다. 목간의 출토정보를 널리 공유하고 연구 발전을 기하기 위해 목간학회[19]가 조직된 지 벌써 28년(※옮긴이: 2022년 현재 목간학회의 창립연대

---

19) 목간학회; 1979년(쇼와(昭和) 54)년 창립. 일본 전국의 목간을 종합적으로 연구하기 위해 매년 목간출토 정보를 수집하고, 목간의 연구와 보존을 추진한다. 매년 기관지 『木簡研究』를 간행하고 있다.

는 44년이다)이 지났다. 목간학회에서는 기관지 '목간연구'를 매년 간행하고 있으며, 발굴조사에서 출토된 다양한 목간의 정보가 망라되어 집성되고 있다. 현재 목간의 정의는 "나무 조각에 문자가 기재된 것"으로 널리 인식되지만, 목간학회에서는 여기에 해당하는 목간을 형태에 따라 분류하였다. 이 분류에 대해서는 Ⅲ장에서 서술하기로 한다. 일본 목간 출토점수는 현재 20만점(※옮긴이: 2022년 1월 기준 일본 출토 목간의 수량은 대략 47만점에 달한다)을 육박하기에 이르렀지만, 이 중에는 단편 조각의 모서리에 먹 자국이 미세한 점처럼 찍혀 있는 것도 다수 있으며, 삭설 상태인 것도 포함된다. 또 남겨진 먹 자국이 희미해져 거의 읽을 수 없는 것도 많아서, 모든 목간의 문자를 확실하게 읽을 수 있는게아니다. 제대로 통계가 잡힌건 아니지만 어떤 글자인가를 읽을 수 있는 목간의 비율은 전체의 절반이 넘지 않는다. 종이를 소재로 한 출토 문자 자료로 漆紙文書가 있다. 대륙의 건조한

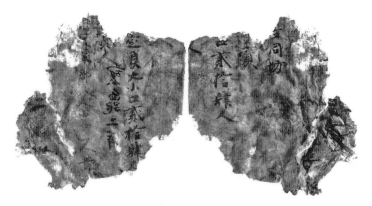

<그림 13> 헤이조쿄(平城京)칠지문서 제5호(ⓒ나라문화재연구소)

기후 아래 종이 문서가 그대로 잔존한 사례는 있지만, 일본처럼 습윤한 기후 조건에서는 유기물을 분해하는 미생물로 인해 땅 속의 종이는 거의 형태를 유지할 수 없게 된다. 다만 옻칠이 부착되어 있으면 그 부분이 옻칠막으로 지켜져, 1200년 이상 땅 속에서 종이가 보존될 수 있다. 옻은 귀중품이지만, 공기에 닿아버리면 딱딱해져 사용할 수 없게 된다. 그래서 보관을 위해서, 옻칠액을 공기로부터 차단하고 밀봉할 필요가 있다. 용기인 마게모노(曲物)를 밀봉하기 위해 가장 적합한 소재로 종이가 사용되었다. 사실 종이도 귀중했기 때문에 백지를 사용한 것이 아니라 일단 사용해서 불필요하게 된 서류(=휴지)를 칠용기를 덮는 종이로 이용한 것이다. 그 결과 휴지 문서에 옻칠이 부착된 상태에서 용기에서 벗겨진 뚜껑 용지가 폐기된 후 땅속에 묻혀, 오랜 세월 속에 옻칠이 묻은 부분만 남게 된 것이다.

토기에 문자가 기록된 것으로는 먹이나 적색 안료를 붓으로 기록

<그림 14> 헤이조쿄(平城京)유적의 묵서토기(ⓒ나라문화재연구소)

한 경우와 토기를 성형할 때 대칼 등을 사용해서 적은 경우가 있다. 먹으로 쓰여진 토기를 墨書土器라 하고 대칼을 사용하여 쓴 토기 혹은 대칼 이외의 도구를 사용하여 쓴 경우도 포함해서 刻書土器라 한다. 목간과 칠지문서가 서류로 이용된 것에 반해 묵서토기와 대칼로 쓴 토기는 제품에 문자를 기록한 것이어서 서류에 필기하는 것과 다른 용도를 고려해야 할 것이다. 또한 묵서 토기는 소성된 후에 그것을 사용하는 장소에서 문자가 기록된 것으로 생각되지만, 대칼로 쓴 토기는 소성하기 전 점토가 부드러운 상태에서 대칼을 사용하여 써 넣었다. 이 점 대칼로 쓴 토기는 생산 장소에서 기록되었다고 생각할 수 밖에 없다. 역시 소성 후 단단한 표면에 문자를 새기는 것은 쉬운 일이 아니지만, 날카롭고 예리한 도구로 소성 후 문자를 새긴 刻書土器도 보인다.

관아와 사원의 지붕을 이은 기와에도 문자를 쓴 것이 있다. 토기와 마찬가지로 소성 전 점토가 부드러운 상태에서 대칼로 쓸 수 있으며,

<그림 15> 대칼로 쓴 토기(산노(山王)유적)(ⓒ多賀城市敎育委員會)

실제 생산 현장에서 대칼로 쓴 기와가 각지에서 발견된다. 또 기와는 재작틀에 넣어 누른 점토를 공구로 두드려 성형하고, 그 공구에 미리 문자를 새겨 넣어 스탬프 모양으로 공구로 두드리면 문자의 각인이 남게 된 경우도 있다. 이 경우 같은 공구를 사용하여 만든 일련의 기와 에 똑같은 각인이 다수 남아 있게된다. 토기의 경우에 소성 전 「美濃国」이라 문자를 각인한 사례도 발견된다.

금속에 문자를 남기는 방법으로 상감 기법이 있다. 표면에 끌 등의 공구로 문자를 음각하고, 그 홈에 다른 종류의 금속을 삽입하여, 문자나 그림을 다른 색채로 부각시키는 방법이다. 대륙에서 전해진 방법이지만, 고분 시대에는 일본에서도 이 기술을 사용하여 문자를 기록한 도검이 제작되었다. 5세기에서 6세기에 걸쳐 고분에서 도검 몇점이 일부 발견되었다. 고도의 기술과 고가의 금속을 필요로 하기 때문에 고분에 부장된 도검 중에서도 매우 드문 비율이지만 출토 문자 자료가 적은 시대를 검토하기 위해서는 각각의 도검이 가진 자료적 가치는 대단히 높다. 금속이 나무 등에 비해 내구성이 높은 건 당시 사람

<그림 16> 헤이조큐(平城宮)터 출토 [美濃] 명 토기. ⓒ나라문화재연구소

들도 인식하고 있었으므로 금속에 문자를 남기는 건 오래도록 남길 의도로 문자를 기록한 것이라 생각할 수 있을 것 같다.

　사람들을 매장하는 방법은 불교가 보급됨에 따라 고분에서 화장묘로 변화하였다. 화장묘의 시기에 이르러 나타난게 墓誌와 骨藏器이다. 묘지는 금속이나 전돌[20] 등에 문자를 새겨, 화장묘에 뼈를 거둔 骨藏器, 부장품과 함께 매납된다. 지상에는 그 무덤에 매장 된 게 누구인지를 나타내는 것이 없으므로 묘지가 발견되어서야 비로소 매장자가 누구인지를 알 수 있다. 그 무덤에 장사 된게 누구인가라는 정보를 다른 사람에게 보이기 위해 기록하고 있는 것은 틀림없지만, 보여지는 상대방은 후세에 무덤을 파버리는 사람이 아니라 오히려 그 장소가 묘지라는 것을 허용해 달라고 해야할 토지신 인지도 모른다. 골장기는 화장된 뼈를

<그림 17> 상감된 도검(稲荷山古墳의 辛亥명 철검, 부분) (ⓒ国(文化庁)保管·埼玉県立さきたま史跡の博物館)

거둘 용기이며, 그 용기에 문자가 새겨진 것이 몇 알려져 있다. 금속제나 도제여서 유골이 누구이며 어떤 사람인지를 적어 墓誌와 같은

---

20) 전(塼); 흙을 직방체의 블록으로 구워낸 연와모양이며, 틀에 모양을 찍어 내는 것이다. 건물의 기단과 벽에 부쳐 장식에도 사용된다.

<그림 18> 伊福吉部德足比賣 骨藏器(ⓒ동경국립박물관)

목적을 가졌다고 생각해도 좋을 것이다. 墓誌나 골장기에 금속이나 전돌 · 도기라는 재료가 선택된 것은 땅속에 묻어도 변치 않을 소재라 생각해서 무덤 속에서 오랫동안 남겨지길 기대하는 것일 것 같다.

의도적으로 땅 속에 묻은 문자 자료로 경통(經筒)이나 매납경(埋納經)이 있다. 불교적인 作善 행위로서 경전을 용기에 넣어 무덤처럼 흙을 쌓아 매납하는 행위가 퍼졌다. 이렇게 만들어진 둔덕을 경총(經塚)라 한다. 종이에 사경 한 것을 넣은 원통형 용기를 경통(經筒)이라하며, 금속이나 도제로 만들었다. 이 경우에도 묘지와 골장기와 마찬가지로 새겨진 명문이 오래 남을 것 같은 소재가 선택되었다고 할 수 있을 것이다. 헤이안(平安) 시대 후기가 되면 종이 경전 두루마리 뿐만 아니라 경전 본체를 금속판이나 와판에 새겨 넣은 것도 볼 수 있게 된다. 더 시대가 내려가면 적당한 크기의 냇돌에 경전을 묵서해 둔 것이나 2~3cm 정도의 자갈에 한 글자 씩 경전의 문자를 묵서하여 일괄적으로 넣은 1자 1석경도 나타나게된다. 이것들은 불교 신앙에 기반한 실천이라고 하겠으나, 역시, 허투루 소재가 선택되었다고 할 수 있겠다.

<그림 19> 藤原道長經筒(ⓒ경도국립박물관)

출토부터 이용까지

출토 문자 자료는 발견되면서부터 다양한 방법의 조사에 의해 문자가 석독되고, 내용이 공표된다. 출토 문자 자료의 성질을 이해하려고 할 때, 그러한 과정에 대해 한 가지 서술해 보고자 한다.

유적의 발굴 조사에서는 어느 유물이, 어떤 유구의, 어느 위치에서, 어느 층위 정도에서 발견 되었는지 여부를 파악하는 것이 중요하다. 그 유물이 어디에서 발견 되었는지에 따라 유물 성격의 이해는 달라질 것이고, 어느 층 정도에서 발견하는지에 따라 어느 시대, 어느 시기인지 이해도 달라진다. 물론 문자가 쓰여져 있지 않은 유물도 마찬가지겠지만 출토 문자 자료도 이러한 정보를 빼 놓고는 분석 할 수 없다. 다른 유물과 마찬가지로 출토 위치나 출토 층위마다 정리 된 자료는 같은 그룹으로 구분 된 단편 중에서 원래 동일한 개체였는지, 별개의 개체였는지, 개체의 준별이 이루어진다. 그리고 원래의 개체 마다 정리 번호가 부여된다. 문자가 적혀 있지 않은 단편도, 문자가 있는 조각과 접합되면, 그것은 같은 개체로 정리된다.

정리된 자료는 다양한 방법으로 관찰된다. 먼저 처음엔 육안관찰 부터 시작되지만 육안으로 읽어 내기 어려운 경우에는 광학적인 작업을 통해 더 자세한 관찰이 이루어진다. 구체적으로 묵서의 경우, 육안에 의한 관찰보다 적외선 텔레비전 카메라를 통하여 영상 쪽이 먹으로 쓰여진 부분과 그렇지 않은 부분의 차이가 명확하게 읽히기 때문에 목간과 칠지문서 · 묵서토기 조사에서는 적외선 텔레비전 카메라가 사용되는 경우가 많다. 또한 금속 상감 등에 문자가 남아 있어도, 표면이 녹이 덮여 외부에서는 보이지 않는 경우 X선 촬영을 한 사진에서 문자의 흔적을 확인하는 방법이 이루어진다. 문자가 확인 되면 표면의 녹 부분을 깎아 문자면이 보이도록 하는 경우도 있다.

문자의 흔적이 확인되면 그 문자에 대해 가능한 한 정보를 확정 해 나가는 작업으로 넘어가는데 이것을 석독이라하고, 판단된 문자열을 써내려가 정리한 것을 석문이라 한다. 석독에 있어서 먼저 자료의 어느 위치에, 어느 정도 문자가 있는지를 확인하는 작업이 필요하다. 모든 문자를 판독할 수 있는 것은 아니고, 문자 같은 것이 있지만 확정 할 수 없는 게 매우 많다. 이러한 경우 특정 문자를 결정할 수 없

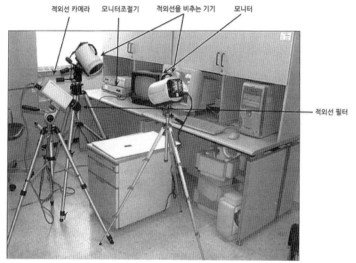

적외선 카메라　모니터조절기　적외선을 비추는 기기　모니터

적외선 필터

<그림 20> 적외선 텔레비전 카메라장치(ⓒ국립부여박물관)

기 때문에 석문 상으로는 '□'으로 하고, 몇 글자분으로 길어 문자수
를 확정 할 수 없을 경우에는 'ㄷ ㄱ'라는 기호가 사용된다. 이렇게 한
글자 씩 판독을 해가지만, 육필 문자를 관찰하려면 이미 알려진, 보
다 알기 쉽고 명료한 서체의 문자와 비교하면서 어떤 문자인지 가능
성을 찾아가게 된다. 『五體字類』[21]나 『書道大字典』[22] 등의 문자 집
성은 특히 이용 가치가 높다. 남아있는 자획이 적거나 희미해서 옅으

---

21) 『五體字類』; 法書會編輯部纂. 1916(다이쇼(大正) 5)년 刊行. 중국의 비와 서적부터 다양
　　한 서체의 문자를 집성.

22) 『書道大字典』; 伏見冲敬編. 1974(쇼와(昭和) 19)년, 角川書店刊. 중국의 비, 墓誌와 서
　　적부터 문자를 집성해서, 상, 하 2권이다. 휴대하기에는 재편집한『角川書道字典』(同編,
　　1977년)이 편리.

면 확인하기 어려워, 하나의 문자로 확정하기 어려운 경우에는 단정할 수 없어도 유력한 가능성을 제시해 주어야 한다. '一'이란 문자일 가능성이 높다고 생각되는 경우에는 '□'[一?]로 옆에 주석을 붙여 '一'일 가능성을 제시한다. 이렇게 만들어진 석문이 출토 문자 자료에서 문자 정보로 공표되고, 연구에 이용된다. 또한 석독 작업과 동시에 자료에 계선[23]과 합점[24] 등 문자는 아니지만, 문자 내용과 밀접하게 관련된 흔적이 인정되는 경우에도 석독과 동시에 읽어 두어야 한다.

석독에 따라 석문으로 문자 정보를 남김과 동시에 사진으로 이미지를 기록하여 남길 필요가 있다. 목간의 경우 출토 후 시시각각 묵서가 퇴색하는 경우가 있고, 시간이 지나면 석독이 어렵게 되기도 한다. 출토 직후 가능한 빠른 시일 내에, 사진을 촬영하여 기록을 남겨 두는 것이 필요하다. 또한 적외선 텔레비전 카메라로 관찰한 경우에는 그 이미지 사진도 남겨 두지 않으면 안된다. X선 촬영의 경우에 X선 사진을 남겨야 된다. 이렇게 사진에 의한 기록으로 남김과 동시에 외형 관찰 결과를 관찰자의 눈으로 읽어 낸 실측도도 기록으로 남기는 중요한 방법이다. 사진만으로는 표현하기 어려운 정보도 실측도에는 표현할 수 있는 경우가 있다. 가능한 한 객관적으로 관찰하고,

---

23) 계선(界線); 지면에 사경과 장부 등을 기록할 때 문자의 배치를 가지런하게 하기 위해 긋는 기준이 되는 선. 행을 구별짓는 세로선을 종계선, 행의 써내려 가는 위치의 표시인 가로선을 횡계선이라 한다.

24) 합점(合点); 사람이나 물건을 조합시킬 때, 표시로서 장부에 붙이는 기호. 대상이 되는 어구에 작은 점을 찍는 방법 외에, 어구를 동그라미 치는 방법, 열쇠 같은 모양의 표시(=구점)을 붙이는 방법, 게다가 '合'의 약자를 쓴 사례도 알려져 있다.

그 결과를 남김으로써, 외형에 대한 정보를 연구에 이용할 수 있게 된다. 이렇게 발굴조사시 유구와 출토위치, 층위 등 출토정보, 실물관찰에 의한 실측도와 관찰 결과의 기록, 사진에 의한 이미지, 문자를 석독한 결과인 석문 등이 조사 주체가 된 기관에 의해 정리되고, 조사보고서로서 간행되어 성과가 공표된다. 일반적으로는 이렇게 공간된 조사보고서를 이용함으로써 연구자들은 다양한 출토 문자 자료 정보를 이용하여 연구를 진행하게 된다.

이렇게 하여 어떤 출토 문자 자료가 발견되었는지 공개되며, 자료 자체는 실물로서 둘도 없는 정보를 가지고 있다. 그러나 출토 문자 자료는 발굴조사된 시점에 심하게 훼손된 것이 많아 조사 후의 보존을 어떻게 해 나갈지도 큰 과제이다. 보존에 있어서는 과학적인 보존처리가 이뤄지는 경우도 적지 않다. 목간이라면 출토될 때에는 지하수 공급으로 건조에 의한 붕괴로부터 보호되어 왔기 때문에 발굴 후 항상 물에 담가두어야 하는데, 진공 동결건조라는 방법을 통해 모양이 틀어지지 않도록 하여 수분을 제거한 후, 목재의 섬유를 지탱할 수지 같은 물질을 침투시킴으로써 물에 절인 상태에서 해방되어 공기중에서 보존이 가능하게 된다. 근래에는 목재의 강도를 지탱하는 물질을 녹여넣어 농도가 다른 알코올에 물질의 농도가 옅은 쪽부터 차례로 바꿔가면서 수분을 뽑아 목재의 보강을 강하게 하는 방법도 취할 수 있게 되어 있다. 금속 제품의 경우에는 녹을 제거한 후 표면에 수지를 발라 보강함과 동시에 재차 녹에 의해 부식되는 것을 막는 조치가 취해진다. 이러한 과학적 보존 처리를 거치면, 자료 본체의 강도가 높아져, 장기간 보존에도 버틸 수 있게 된다.

그러나 과학적 보존처리에는 비용이 많이 든다. 출토된 모든 목간에 이러한 보존처리를 하기에는 우선 경비 면에서 불가능하며, 몇 퍼센트의 목간이 선정되어 보존처리를 하고 있는 실정이다. 다른 목간은 물에 담근 상태로 보관되지만 이 경우에도 수중에서 곰팡이 발생을 막기 위한 보다 좋은 조건이 모색되며, 붕산과 붕사 수용액이 사용되고 있다.

II

출토 문자 자료가
밝혀주는
고대사회

사서의 기술을 뒷받침하다

출토 문자 자료의 발견을 통해 고대 사회의 어떤 면모가 밝혀졌을까? 첫째, 그 동안 이미 문헌을 통해 알려진 것들이 물건으로 구체적인 자료의 출현에 의해 뒷받침되는 경우가 있다. 8세기 말 에미시(蝦夷)[25]토벌을 소재로 하여 자료를 소개해 보려 한다.

나라(奈良)시대 말인 780(호키(寶龜) 11)년, 동북지방에서 일어난 에미시의 봉기를 진압하기 위해 정부는 대규모 정벌 사업을 벌이고 있었다. 현재 미야기현(宮城縣) 북부에 해당하는 지역에 정부의 거점으로서 가쿠베쓰조(覺鱉城)[26]을 건설하고, 기타가미(北上)분지로의 침공을 준비하고 있었다. 이때 건설사업에 동원된 에미시와 중앙에서 파견되었던 관리와의 사이에 대립이 일어났다. 현지 에미시 수령인 이지노아자마로(伊治呰麻呂)[27]가 반란을 일으켜 안찰사 기노 히로즈미(紀広純)[28]을 살해한 데다가, 무쓰국부(陸奧國府)였던 다가조(多賀城)를

---

25) 에미시(蝦夷); 율령지배의 틀에 들어가지 않는 북방 사람들을 가리킨다.
   ※역자주: 율령제 이전에는 게닌(毛人)으로 표기했는데, 화이 사상에 근거하여 에미시라 불렀다. 공민 신분이 아닌 부수(俘囚), 전이(田夷), 산이(山夷) 등의 중간 신분에 편입되었다.

26) 가쿠베쓰조(覺鱉城): 780(호키(寶龜) 11)년에 陸奧按察使 紀廣純이 조영을 시작한 성책. 현재 미야기현(宮城縣) 북부에 있었다고 보이지만 미상.

27) 이지노아자마로(伊治呰麻呂); 생몰년불명. 나라(奈良)시대 후기의 에미시(蝦夷)의 수장. 780(호키(寶龜)11)년에 무쓰국(陸奧國) 구리하라군(栗原郡) 大領으로서 가쿠베쓰조(覺鱉城) 조영에 종사하였지만 기노 히로즈미(紀広純)과 대립해서 반란을 일으켰고, 다가조(多賀城)를 불질렀다.

28) 기노 히로즈미(紀広純); ?~780년. 나라(奈良)시대의 관인. 도경 정권하에서 좌천되었지만 774(호키(寶龜) 5)년 이후 진수부장군, 육오수, 안찰사를 역임. 이지노아자마로(伊治呰麻呂)의 난으로 살해되었다.

불질러 버렸던 것이다. 다가조(多賀城)터의 발굴조사에서 이 습격으로 타버린 흔적이 확인되었다. 게다가 다가조(多賀城) 터 유적 정청지구 서남부 발굴조사에서 다량으로 확인된 한 무더기의 칠지문서에는 호키(寶龜) 11년에서 엔랴쿠(延曆) 2(783)년까지 반란 직후의 기년이 기록되어 있다.

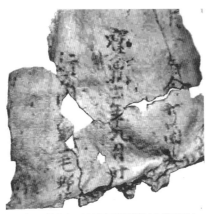

<그림 21> '寶龜十一年' 다가조(多賀城) 1호 칠지문서

다가조(多賀城) 화공 후 부흥에는 대량의 자재가 소비되었을 것이다. 옻칠은 건축부재의 도료로 대량으로 사용된다. 건축 현장에서 버려진 옻으로 뒤덮힌 종이는 급히 조달된 휴지 서류인데, 원래 그 무렵 사용된 서류였었다. 반란 직후의 해를 기록한 문서군은 반란으로 인한 화공을 뒷받침하고, 급히 진행된 대규모 복구사업을 말해주고 있다.

엔랴쿠(延曆) 연간(782~806)에 이르면 에미시 정벌의 무대는 현재의 이와테현으로 옮겨진다. 기타가미(北上)분지의 에미시를 휘하로 둔 정부는 802(엔랴쿠(延曆) 21)년에 이사와조(胆澤城),[29] 이듬해인 803(同

---

29) 이사와조(胆澤城): 현재의 이와테현(岩手縣) 오슈시(奧州市)에 있던 무쓰국(陸奧國)의 성책. 802(엔랴쿠(延曆) 21)년에 설치. 다가조(多賀城)에서 진수부가 옮겨지고, 무쓰국

22)년에 시와조(志波城)[30]을 건설하고, 현재의 모리오카 시(盛岡市)까지 거점을 북진시켰다. 시와조(志波城)는 수해를 입는 경우가 많으므로 811(고닌(弘仁) 2)년에 이전하게 되어, 남동쪽으로 11킬로미터 정도 떨어진 땅에 도

<그림 22> 다데바타케(館畑) 유적 출토 '別將'명 묵서토기

쿠단조(德丹城)[31]가 건설되었다. 현재의 시와군(紫波郡) 야하바마치(矢巾町)에 해당한다. 이 도쿠단조 터에 인접한 다데바타케(館畑) 유적에서 '別將'이라 쓰인 묵서토기 5점이 함께 출토되었다. 다른 유적에서는 지금까지 전혀 알려지지 않았던 출토 문자 자료로 보기드문 문구다. 다만 사서에는 적게나마 등장하던 용어였다. 『續日本紀』 엔랴쿠(延曆)8(789)년 6월 갑술조에는 征東將軍[32]이 거느린 정부군 가운데 각 부대를 이끄는 부대장의 용어로 '별장'이 보인다.

(陸奧國) 북방을 관할하였다.

30) 시와조(志波城); 현재의 이와테현(岩手縣) 모리오카시(盛岡市) 서부에 있었던 무쓰국(陸奧國)의 성책. 803(엔랴쿠(延曆) 22)년에 설치. 雫石川 연안에 있어 수해를 입었고, 811(弘仁 2)년에 남방 德丹城으로 이전.

31) 도쿠단조(德丹城); 현재 이와테현(岩手縣) 시와군(紫波郡) 야하바마치(矢巾町)에 있었던 무쓰국(陸奧國)의 성책. 811(엔랴쿠(延曆) 22)년에 시와조(志波城)을 이전해서 설치. 9세기 중엽무렵까지는 있었던 것으로 보인다.

32) 정동장군(征東將軍); 8세기 말 에미시 정벌에 파견된 장군의 명칭. 793(엔랴쿠(延曆) 12)이후는 征夷將軍의 호가 된다.

엔랴쿠(延曆) 연간의 征夷에 관련된 사료에서는 『續日本紀』의 이 부분에서 밖에 '별장'이라는 용어가 보이지 않기 때문에 실제로는 어떻게 '별장'이 기능했는지는 알 수 없는 부분이 많다. 그러나 도쿠단조(德丹城) 시기의 유적에서 실제 이 말이 적힌 묵서토기가 발견됨으로써 征夷軍 내에서 실제 사용되던 용어였다는 점이 드러난 것이다. 이 묵서토기들은 '별장'이 에미시 평정 후에는 도쿠단조(德丹城)에 주둔했을 가능성도 보여준다.

사서의 기술에 어긋나다

이처럼 문헌의 내용을 뒷받침하는 출토 문자 자료가 발견되는 경우가 있는가 하면, 한편으로 문헌의 기술과는 다른 내용을 가지는 것이 발견되는 경우도 있다. 발굴조사에서는 출토된 토층이 엄밀히 확인되어 그로 인해 자료가 묻혔던 시대를 알 수 있기 때문에 후세에 손길이 닿지 않은 것도 알 수 있다. 손길이 닿지 않았던 자료라면, 당시 이루어진 그대로의 표기를 남기고 있는 것이므로 표기와 전래되어 온 문헌의 표기가 다르다면, 어떠한 형태로든 문헌의 표기에 손질이 가해졌을 가능성을 생각하지 않으면 안 된다.

일례로 나니와노미야(難波宮) 터 출토 목간을 소개해 두고자 한다. 나니와노미야(難波宮) 터는 현재 大阪市 中央區 法円坂의 근처에 있다. 두 시기로 나뉘는 유구가 중첩되어 있고, 후기 나니와노미야(難波

宮)은 8세기 전반에 쇼무(聖武)天皇[33]의 명에 의해 조영된 궁이다. 하층의 전기 나니와노미야(難波宮)은 후기보다 더 규모가 크고 7세기 중반의 나니와나가라노토요사키노미야(難波長柄豊碕宮)[34]에 비정하는 설이 유력하다. 이 나니와노미야(難波宮)의 중심부에서 북서쪽으로 500m 정도 떨어진 지점에서 30점 정도의 목간이 출토되었다. 궁전 주위에는 관아나 창고로 추정할 수 있으므로 이 목간도 그러한 部署에서 사용되었을 것이다. 이 시기 고토쿠천황(孝德天皇)[35]은 나니와나가라노토요사키노미야(難波長柄豊碕宮)에 있었고, 나니와(難波)는 소위 도성이었다. 이 목간은 정부의 주변에서 사용된 것이라고 할 수 있다.

<그림 23> 나니와큐(難波宮)의 '무신년' 목간

발견된 목간 중에 그림23과 같은 것이 있었다. '戊申年'이란 간지가 보이는데, 701(대보 원)년 이후, 연호의 사용이 정착하는 것으로 보아 이 기년은 7세기 이전의 표기로 보인다. 공반 출토된 토기 양식으로는 6세기대

---

33) 쇼무(聖武)天皇: 701~756년. 몬무(文武)天皇과 藤原宮子의 아들. 724(신키(神龜) 원)년에 즉위하였고, 740(덴표(天平) 12)년부터 천도를 계획하였다. 국분사와 대불의 조립을 발원하였다.

34) 나니와나가라노토요사키노미야(難波長柄豊碕宮): 645년부터 조영된 고토쿠(孝德)天皇의 궁, 686년 화재로 소실.

35) 고토쿠(孝德)天皇; 596?~654년. 645년 을사의 변 후, 고교쿠(皇極)天皇으로부터 양위받아 즉위. 치세하에 개신의 여러 정책이 실시되었다.

의 것으로 보기 어렵고, 이 '戊申年'은 7세기 중반의 서기 648년에 해당하는 것으로 생각된다. 『日本書紀』[36]에는 645년 이후 다이카(大化), 하쿠치(白雉)라는 연호를 사용한 표기가 보이며, 648년은 다이카(大化) 4년에 해당한다. 정부의 주변임에도 불구하고, '다이카(大化)연호는 사용되지 않고 있다. 『日本書紀』에는 연호를 정하였는데, 실제로는 사용되지 않았거나 혹은 한정된 기회에만 사용되지 않았을까, 더욱 억측을 확대하면 이 연호의 제정 자체도 의심스럽다고 생각할 여지가 있다.

이처럼 출토 문자 자료는 문헌에 전하는 바와 같이 '역사'를 보여주는 것이라고 할 수 없다. 문헌과 모순되는 점이 드러난다면 史實을 밝히기 위해서는 그 모순을 철저히 검토하지 않으면 안된다. 단, 이때 출토 문자 자료가 당시의 표기 자체를 후세 사람이 손질을 가하지 않고 남겨 두는 것이 중요하다. I 장에서 서술했다시피 쓰레기이기 때문에 당시 일상의 표기 그대로를 남긴 것으로, 사서처럼 손댄 형태가 아니므로 더 진실을 전하는 것은 출토 문자 자료 쪽이다.

율령과 출토 문자 자료

이러한 시각에서 역사서의 내용 평가뿐만 아니라 나라시대의 법이었던 율령[37]에 의해, 사람들이 어떻게 규제되고 있었는지, 법의 운용

---

36) 『日本書紀』: 720(養老 4)년 성립. 682년 몬무(天武) 天皇 10년에 시작된 사서편찬사업에 의해 간행된 일본 최초의 역사서. 神代부터 쓰여져 지토(持統)天皇 까지를 다루었다.

37) 율령(律令): 중국을 모방하여 7세기 후반부터 편찬되었던 기본 법전. 당의 율령을 전범으로 7세기 단계에는 슈만이 편찬되었지만, 701(大寶 元)년에 시행된 다이호 율령(大寶

실태를 살펴볼 수도 있다.

Ⅰ장에서도 소개한 나가야왕(長屋王)家 목간 일군 가운데 '長屋親王宮鮑大贄十編'이라는 꼬리표 목간이 발견되었다. 나가야왕(長屋王)은 덴무(天武)天皇[38]의 손자에 해당한다. 아버지인 다케치(高市)皇子[39]는 덴무(天武)天皇의 아들이므로, 율령 규정상 '다케치(高市)親王'이란 칭호가 붙었을 터인대, 그는 대보율령 시행 이전에 사망했기 때문에 생전에 '다케치(高市)親王'이라 불린 흔적은 없다. 그 아들인 나가야왕(長屋王)은 천황으로부터 2세대 떨어졌으므로 율령 규정상 '친왕'이 아닌 '왕'이라는 칭호를 갖게 된다. 즉 그가 살았던 시대의 법제로는 '나가야왕(長屋王)'이라 부르는 것이 옳다. 하지만 그럼에도 불구하고 대보율령이 시행되던 헤이조쿄(平城京)에서 '長屋親王宮'이라는 목간이 발견되었다. 이 목간군이 발견되었을 때 신문 보도에서는 역시 그림 24의 목간이 크게 지면을 장식하였다. 나가야왕(長屋王)이 '친왕'으로 불렸던 것은 여러 가지 의미에서 충격이었다. 그 후 대량의 목간군의 정리와 석독이 진행된 결과 '長屋親王'이라고 적힌 목간, 또는 단편적이지만 그렇게 생각되는 목간은 합계 6점을 찾았다. 그림 24의 목간은 더 이상 예외로 치부할 수 없다.

律令)에서는 율도 갖춰졌다.

38) 덴무(天武)天皇; 631?~686년. 덴지(天智)天皇 사망 후 황위계승 쟁탈 중에 일어난 임신의 난에 승리하여 즉위. 치세하 7세기 말부터 8세기 초두에 걸쳐서 전개한 국가체제의 기초가 쌓였다.

39) 다케치(高市)皇子; 654?~696년. 덴무(天武)天皇의 아들. 壬申의 난으로 활약한 후 지토(持統)天皇 대에 태정대신에 종사하였다.

<그림 24> '長屋親王宮鮑大贄十
編' 木簡(ⓒ나라문화재연구소)

<그림 25> 나가야왕(長屋王)
家 목간의 '若翁'과 '帳內'(ⓒ나
라문화재연구소)

나가야왕(長屋王)家 목간 중에는 이외에도 율령의 규정과 대조해
보면 잘 모르는 것이 있다. 그 중 하나가 '若翁'이라는 표기이다. '약'
과 '옹'은 현대의 감각에서는 모순되는 한자가 배열된 숙어이지만,

목간군 중 빈번하게 보여 나가야왕(長屋王)의 자식에게 붙여진 호칭인 것 같다. 여성에게도 '若翁'이라고 붙였는데, 노령의 남성을 뜻하는 '오키나'와는 다른 의미로 '翁'자가 사용되었다. 이러한 호칭 자체가 나가야왕(長屋王)가 목간이 발견될 때까지 잘 알려져 있지 않았다. 물론 이러한 호칭이 공적으로 정해진 것은 아니다. 나가야왕(長屋王)의 자식들은 덴무(天武)天皇으로부터 3세대 떨어지지만, 공적으로는 아버지와 마찬가지로 '왕', 여성인 경우에는 '여왕'으로 칭하도록 규정하고 있다. '약옹'은 어디까지나 사적인 호칭이라고 할 수 있을 것이다. 나가야왕(長屋王) 저택 안에서의 호칭인지, 당시 귀족 자녀들에게 일반적인 호칭인지, 앞으로 유사한 목간군의 발견이 기다려진다.

또 나가야왕(長屋王)家 목간 중에는 '조나이(帳內)'[40]라는 직함을 가진 사람이 다수 알려져 있다. 율령 규정에서 '帳內'는 친왕·내친왕에게 국가에서 주어진 종자의 명칭이다. 나가야 왕은 '왕'이기 때문에 율령의 규정에서는 '시진(資人)'[41]이라 불리는 종자가 배속되었을 것이다. 나가야 왕의 처인 기비(吉備)內親王[42]은 겐메이(元明)天皇[43]

---

40) 조나이(帳內); 율령제하 친왕과 내친왕에 배속되는 종자. 6위 이하 인물의 아들과 庶人의 아들을 채용.

41) 시진(資人); 율령제하 위계, 관직에 따라 배속되는 하급직원. 5위 까지의 위계를 가진자 및 大臣, 大納言, 中納言에 배속된다.

42) 기비(吉備)內親王; ?~729년. 구사카베(草壁)황자와 겐메이(元明)天皇의 딸로 나가야왕(長屋王)의 정부인이 되지만, 729(신키(神龜) 6)년 나가야왕(長屋王)의 변으로 왕과 함께 자진.

43) 겐메이(元明)天皇; 661~721년. 덴지(天智)천황의 딸이자 구사카베(草壁)황자의 비, 몬무(文武)天皇의 어머니. 몬무(文武)天皇으로부터 양위된 707(게이운(慶雲) 4)년에 즉위하였고, 715(와도(和銅) 8)년에 딸 겐쇼(元正)天皇에게 양위.

의 딸로 內親王이며, 그녀의 종자가 '帳內'이다. 따라서 나가야 왕 저택 안의 '帳內'는 기비(吉備)內親王의 장내가 포함되었다고 우선 생각되지만, 그럼에도 '帳內'의 비율이 많고 '資人'은 거의 보이지 않는다. Ⅰ장에서 소개했다시피 나가야왕(長屋王)家로 공적인 서류가 포함된 목간군이라면 나가야 왕 자신의 資人이 더 등장해도 좋을 것이다. 이런 상황에서 보면 표기상 '帳內'에는 나가야왕(長屋王)의 資人도 포함되어있는 건 아닐까. 내친왕의 장내와 왕의 資人은 공적으로 엄격하게 구별해서 쓰지 않으면 안된다. 그런데 이 목간 군에 드러난 세계에서는 양자가 구별없이 동일 직위로 기록되었을 가능성이 있다.

이상과 같이 율령의 규정대로 용어가 사용되고 있지 않다면 그것을 어떻게 이해하면될까. 그를 위해서는 이 목간군이 어떤 성격인지 고려할 필요가 있다. 나가야왕(長屋王)家 목간은 나가야 왕 저택 부지 내에 굴착된 거대한 흙 구덩이에 일괄 폐기된 상태로 발견되었다. 헤이조쿄에 저택이 지어진 어느시기에 저택의 목간을 정리해서 폐기하는 이른바 대청소 같은 일이 벌어 졌던 것 같다. 광대한 저택의 각 부서에서 사용되고 있던 목간이 여기에 모아져 버려졌다. 발견된 35,000여점 중 일부는 Ⅰ장에서 소개한 아악료에서의 공식 문서처럼 저택 밖에서 들어간 것도 있지만, 대부분은 나가야 왕가의 내부 서류이다. '若翁'이나 '帳內'라고 적힌 것도 가정 기관 내에서 식량과 물품을 관리하던 부서 및 개인과의 사이의 식량·물품의 청구 및 지급에 관한 문서로 보인다. 모두 나가야왕(長屋王)家라는 귀족의 '집' 안에서 주고 받을 때 쓰여진 목간 인 셈이다.

물론 이 '집'은 나가야왕(長屋王)과 그 가족뿐 만 아니라, 그들을 돌봐주기 위해 마련된 조직으로 여러 관리와 기비(吉備)內親王의 장내, 나가야왕(長屋王)의 資人, 노비[44]처럼 가사 활동에 참여하는 사람들이 포함된 경영체이다. 이 경영체 중에서는 소위 하나의 세계로 공유하는 일상 용어나 관례 문서가 있었을 것이다. 나가야 왕가 목간에는 그러한 '집' 안의 용어가 보인다. 공적으로는 율령대로 써야하는 말임에도 '집' 안에서 사용법은 규제가 적었던 것이다.

나가야왕(長屋王)의 資人에게 '장내'라고 쓰거나, 왕인 나가야왕(長屋王)을 '친왕'이라 쓰는 것은, 비공식으로 사용되고 있는 저택 내부의 용어로 보아야 할 것 같다. 따라서 이러한 목간군 속에 보이는 주고 받음에 율령의 규정을 엄격히 적용시켜 이해하는 것은 곡해라 할 수 있다. 현대에도 법률이 엄격하게 적용된 문서가 있는 반면, 일상의 메모지에 법률을 의식해서 사용하는 사람은 없을 것이다. 법이 지켜진 서류의 세계와 법의 규제가 느슨한 문서의 세계가 고대에도 당연히 존재하였던 것이다.

설화와 출토 문자 자료

나가야왕(長屋王)家의 용어를 생각하는데 흥미로운 문헌이 한 점 있다. 9세기 초에 편찬된 것으로 보이는 불교 설화집 『日本靈異

---

44) 노비(奴婢); 율령제에 규정된 예속신분. 국가소유의 관노비와 개인소유의 사노비가 있고, 나가야왕(長屋王) 같은 귀족은 사노비를 보유하였다.

記』[45) 속에 나가야왕(長屋王)이 승려를 때린 악인으로 등장하며, 거기에는 '長屋親王'이라 기록되어 있다. 나가야왕(長屋王)家 목간이 발견될 때까지 이 설화로만 알려진 '長屋親王'이란 인물은 설화집이기 때문에 엄밀한 용어가 아니라 황당무계한 이야기 속 용어에 불과한 것으로 이해되었다. 그런데 그것과 같은 용어가 나가야왕(長屋王)家 목간에 의해 드러나게 되었고, 실제로 사용된 용어로 이해할 수 있게 된 것이다. 율령이 적용되는 공식 기록과는 별개로 그 바깥에 존재하는 일상의 다양한 주고받음 속에 사용된 용어의 세계가 설화의 표기에 영향을 미치고 있다고 볼 수 있다.

문헌과 출토 문자 자료 모두 역사를 고찰하는데 귀중한 자료임은 물론이다. 그러나 나가야왕(長屋王)家 목간 같은 존재를 본다면 공적 기록을 소재로 한 문헌이 절대가 아님을 알 수 있을 것이고, 설화처럼 내용이 史實이라고는 보기 어려운 것도, 사용된 용어 등은 당시의 일상세계를 반영하고 있을 가능성이 높다. 역사를 생각하는데 현대의 우리들은 정리되어 남아있는 공적 기록에 가치를 무겁게 여기기 쉽다. 출토 문자 자료는 과거세계를 고찰하는데 공적 기록으로 수많은 사료 가운데 하나로 상대화해서 생각하기 위해서라도 귀중한 사료이다.

관리들의 일상세계

---

45) 『日本靈異記』; 약사사의 승려 景戒가 찬술해서 9세기 전반에 완성. 불교의 인과응보에 관련된 설화를 116개를 실었다.

출토 문자 자료가 당시 사람들이 일상적으로 볼 수 있는 정보를 남긴 것이라면, 거기에는 역사책이나 법령, 심지어 궁정의 기록 등에는 나오지 않는 하급 관리나 서민, 나아가 지방의 세계를 알 수 있는 가능성이 숨겨져 있다. 이러한 분야는 문헌 속에 한정된 형태로 밖에 정보가 담겨져 있지 않고, 정부 입장에서의 서술로는 잘 드러나지 않는 면이 있다. 그런 사람들의 실체를 밝힌다는 점은 출토 문자 자료의 독무대라 해도 과언이 아닐 지 모른다.

예를들어 관리의 근무평가인 고과와 관련된 목간자료가 있다. 헤이조큐(平城宮)의 남변동단에 위치한 부근에서는 대량의 삭설을 포함한 17,000여 점 이상의 목간이 발견되었고, 그 중 관리의 고과와 관계되는 것(그림26)이 다수 확인되는 것으로 보아 식부성(式部省)[46]과 그에 부속된 관아터로 보인다.

<그림 26> 고과에 관련된 목간(헤이조큐(平城宮)목간 제6380호)(ⓒ 나라문화재연구소)

---

46) 식부성(式部省); 율령제하 중앙관사. 문관의 인사를 담당.

나라(奈良)시대 관리의 근무평정은 매년 관인의 근무상황 등이 정리된 후 각각의 관리가 속한 각 관사마다 데이터가 정리되어 최종적으로는 식부성(式部省)와 병부성(兵部省)[47)]에 제출되었다. 시키부쇼(式部省)는 문관 인사를, 병부성(兵部省)는 무관 인사를 다루었고, 개개인의 매년 근무평가에 대한 대량의 데이터가 처리된다. 헤이조큐(平城宮) 남면 큰 담장 바로 안쪽을 흐르는 도랑터에서 개인이름과 출근일수를 적은 목간이 발견되었다. 근무평가를 위한 기본데이터를 기록한 카드라고 생각된다. 더구나 이와 같은 목간은 측면을 관통하는 구멍이 뚫려 있어 거기에 끈을 꿰어 목간을 옆으로 나란히 붙여 철해서 사용한 듯하다. 개개인의 출근 상황을 기록한 목간을 여러 장 옆으로 눕혀놓고 마치 일람표와 같이 만들고, 어떤 경우에는 카드 위치를 바꾸거나 하는 작업을 하면서 많은 관리들의 근무평정 보고서를 작성해 나갔을 것이다.

관리들이 평소 공부하던 내용도 목간에서 드러난다. 다자이후(大宰府)에서는 『魏徵時務策』을 습서한 삭설이 발견되었다. 위징[48)]은 7세기 당의 중신으로 『群書治要』[49)]를 편찬한 것으로도 알려져 있다. 『時務策』이란 주제별로 책문과 그 답을 정리한 것으로, 다양한 정치과제에 대한 지침이 담긴 책 이다. 아마 관리 등용시험의 과제가 되

---

47) 병부성(兵部省); 율령제하 중앙관사. 병제와 무관의 인사를 담당.
48) 위징(魏徵); 580~643년. 중국 당대의 중신. 2대 황제 태종을 모셨고, 사서 편찬 등에도 활약하였다.
49) 『群書治要』; 631년 성립. 중국 당대에 편찬된 정치에 관련한 서적. 晉代까지의 전적에서 정치에 관한 기사를 모아 분류편집.

는 책문을 공부하기 위한 실용서로 서사된 것이며, 이처럼 도움이 되는 내용의 책들이 평소 주위에 놓여 있었던 것 같다.

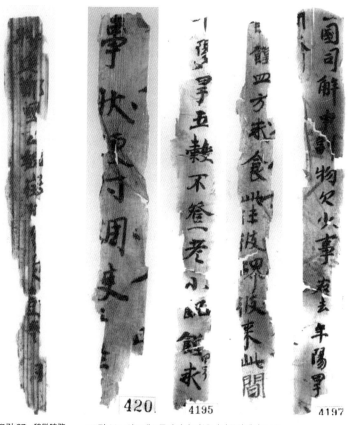

<그림 27> 魏徵時務策습서목간(대재부 25호 목간)

<그림 28> 이조대로목간의 습서(ⓒ나라문화재연구소)

한편 도성 안에서도 흥미로운 습서가 발견되고 있다. 이조대로 목간[50]의 삭설 중에 그림 28과 같은 것이 발견되었다. 몇 개의 단편으로 나누어져 있지만 단편에 적힌 문장을 연결해서 보면, 다음과 같이 될 것 같다.

> 厶國司解申副物欠少事
>
> 右, 去年陽旱, 五穀不登, 老小饑饉, 四方求食. 此往彼堺, 往來此間. 輪丁、、、、物欠々小々之數, 顯注如件. 仍具事狀, 便付調使位姓名申送. 謹解.

이 문서의 내용은 지방에서 중앙으로 보낸 보고서이지만 실제 보고된 문장은 아니고 '厶國司'(=某國司)나 '調使位姓名'처럼 실명이 있어야 할 부분에 딱히 실명이 나오지 않아서 文例의 견본같다. 도성 한복판에서 지방에서 보낸 보고서의 문례를 연습한 삭설이 나오는 것은 무슨 이유일까. 도성에는 다양한 처지의 사람들이 있지만, 이런 문장들을 연습한 것은 관리로서의 출세를 목표로 한 젊은 견습 관료들일 것이다. 그들은 도네리(舍人)[51]資人으로서 몇 년간 근무한 뒤 잘

---

50) 이조대로목간(二條大路木簡); 헤이조쿄(平城京) 이조대로의 남변과 북변에 굴착된 장대한 흙 구덩이에 폐기된 목간군. 38,000점이 넘고, 735~736(덴표(天平) 7~8)년의 것이 많다. 북측의 이조이방오평 저택터와 남측의 삼조이방팔평 저택터에서 폐기된 것도 보인다.

51) 도네리(舍人); 율령제하 하급관원. 내사인, 동궁사인, 중궁사인은 각각 천황, 동궁, 중궁에 근무하고, 대사인은 좌우의 大舍人寮에 근무한다.

되면 전국 국사(國司)⁵²⁾의 하급 관인에 배속된다. 이 임무를 완수하고 도성으로 돌아오면 중앙 관청에서 발탁되어 출세 코스를 밟게 된다. 이 습서는 장래의 출세를 꿈꾸는 젊은이가 지방관 자리에 올랐을 때를 위해 지방관이 사용하는 문서의 형식을 연습한 것이었다.

諸國의 행정을 총괄하는 국사에는 중앙의 관인이 임명되어 부임한다. 자신이 평소 생활하던 도성을 떠나 4년 정도의 임기를 지방에서 보내게 된다. 임기를 다 채우면 다른 직으로 옮기거나 도성으로 돌아오는 경우도 많다. 그러나 그중에는 부임지에서 그대로 사망하는 일도 있었다. 705(게이운(慶雲) 2)년 11월에 에치고죠오지(越後城司)에 임명되어, 에치고국(越後國)에 부임한 이나노 오오무라(威內大村) ⁵³⁾의 경우, 그로부터 1년 반 후인 707(게이운(慶雲) 4)년 4월에 그 성에서 사망하였다고 골장기에 기록되어 있다.

현재 알려진 골장기로는 가장 긴 문장이 새겨넣었고, 동년 11월에 야마토(大和國) 가쓰라기노시모군(葛城下郡)에 모셨음을 전하고 있다. 부임지에서 사망했으므로 달라진 모습으로 도성까지의 길을 송별했던 것이다. 센카(宣化)天皇⁵⁴⁾의 자손 혈통을 가지고 태어나 몬무(文武) 天皇⁵⁵⁾의 시종까지 지내면서, 46세의 혈기 왕성할 때 먼 부임지에서

52) 국사(國司); 지방의 국의 행정을 담당하는 관사. 장관 守, 차관 介, 판관 掾, 주전 目으로 4등관이 구성되고, 그 아래에 서기관으로 史生이 있다

53) 이나노 오오무라(威內大村); 662~707년. 나라시대 초기의 관인. 문무 천황대에 少納言이 된다.

54) 센카(宣化)天皇; 6세기 전기의 천황. 게이타이(繼體)天皇의 아들. 안칸(安閑)天皇의 동생이며, 안칸(安閑)天皇의 뒤를 이어 즉위.

55) 몬무(文武)天皇; 683~707년. 텐무(天武)天皇, 지토우(持統)天皇의 손. 구사카베(草壁)

<그림 29> 이나노오오무라(威內大村)골장기

사망한 것은 그의 친족들에게 어느 정도 쇼크였는지 상상할 수 없다. 공들여 만든 도금된 황금색 찬란한 골장기가 그의 죽음을 애도하는 인연의 슬픔을 말해 주고 있다.

서민의 세계

역사서 등 문헌에는 정치 중심에 가까운 사람들의 동향이 묘사되어 있지만, 서민이 관계되는 세계는 좀처럼 묘사되지 않는다. 육국사

皇子, 겐메이(元明)天皇의 아들. 대보율령을 시행하였고, 치세 11년에 붕어.

는 국가의 역사로 정리된 것이므로, 서민들의 생활이 그려지는 경우는 드물고, 격(格)[56]과 같은 법령에도 국가에 특별한 문제가 없는 한 일상의 모습은 특별히 다루어지지 않는다. 어떻게 사람들이 파악되고 있었는가라는 점이나 일상 생활에서 어떤 문자정보를 접하고 있는가라는 건 그 당시에 기록된 실물로 밝혀지게 된다. 일상적으로 아주 당연한 것으로써 보존되지 않고 폐기된 출토 문자 자료가 이런 면을 해명하는 유력한 사료가 되는 것이다.

다카조(多賀城)시 산노(山王)유적에서 발견된 제3호 칠지문서(多賀城市埋藏文化財調査센터 조사분)은 사람들에 대해 부과하기 위한 기초자료가 된 計帳歷名[57]이다.

이 역명 중 29세의 다카라베노코마로(財部得麻呂)라는 사람의 주석이 붙여있는데, 그 주석에는 '역가리의 호주 하세스카베노네마로에게 할부하여 호로 삼는다(驛家里の戶主丈部祢麻呂に割附して戶と爲す)'가 보인다. 즉 得麻呂가 본래 호로 등록 변경되어 이 호에 속한 里와는 별도의 驛家里의 戶로 옮겨졌음을 알 수 있다. 驛家里는 아마도 驛家를 유지하기 위해 편성된 里로 부근의 호에서 이렇게 여러 사람의 노동력을 모으고 있었다. 지방과 중앙을 연결하는 정보망으로서의 역제도는 이처럼 각지의 호에서 뽑아낸 성인 남자를 편성하여 유지되었음을 알 수 있게 되었다.

---

56) 격(格); 율령법의 일종. 율령규정의 수정과 보족을 위해 내놓는 단행법령을 가리킨다.

57) 계장역명(計帳歷名); 율령제하에서 調庸과 雜徭를 부과하기 위한 기본 대장으로서 매년 계장이 만들어지고, 호마다 인명을 열기한 것이 계장역명. 이것을 바탕으로 國마다 부과 대상자수 등의 수치통계를 정리하는 대장이 만들어진다.

<그림 30> 산노(山王)유적 3호칠지문서(ⓒ多賀城市教育委員會)

또 사람들이 매년 절실히 직면하고 있는게 벼의 환곡(還穀) 문제이
다. 봄에 종자가 되는 벼를 빌리고, 가을에 이자를 붙여 반환하는 스
이코(出擧)⁵⁸⁾ 제도는, 매년 사람들이 빌리는 것을 전제로 성립되었다.
게다가 국가에서 빌려주는 공출거는 많은 사람에게 빌려주어 이자를
모으고, 이것이 지방의 국을 경영하기 위한 재원이 된다. 관청에서
매년 세입을 확보하기 위해서는 사람들에게 일정량의 벼를 출거(出
擧)하는 건 매우 당연한 일이다. 그런 실정을 배경으로 출토 문자 자

---

58) 출거(出擧); 稻와 錢 등을 빌려주고 이식을 붙여 되돌려 받는 것. 국가가 운용하는 공출
거와 개인에 의한 사출거로 나누어진다.

료 중에서도 출거(出擧)에 관련된 것이
많이 보인다. 사이타마현(埼玉縣) 교다시
(行田市) 코시키다(小敷田) 유적의 제3호
목간(그림31)에는 다음과 같이 보인다.

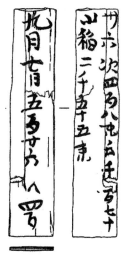

·九月七日五百卄六□四百
·卅六次四百八束幷千□[三?]百七十
小稲二千五十五束

목간 앞면에서 뒷면 우행에 걸쳐 526
束+436束+408束=1370束이라는 계산
이 이루어졌고, 뒷면 좌행의 2055束은
1370束을 1.5곱한 수치이다. 9월 7일이

<그림 31> 고시키타(小敷田)유적
3호목간

라는 시기로 미루어 수확 후 벼 수납과 관련된 것이며, 1370속의 벼
에 대한 이자를 5할로 하면 1.5배인 2055속을 거둘 수 있는 예정액이
된다. 이 목간은 7세기 말에서 8세기 초의 것으로 그 당시 5할의 이
자로 출거(出擧)가 운용되었던 것이다. 또 가노코(鹿の子) C유적 제174
호 칠지문서에는 3월에 20속, 5월에 20속을 빌린 여성이 9월 22일에
30속은 반환했지만 나머지를 9월 28일에 麻布 2단으로 거두었음이
기록되어 있다.

마포가 유통되던 東國에서는 가을 수납 시기가 되어 마포로 대납
하기도 하였음을 알 수 있다. 모두 실제 출거(出擧) 관리 시 기록된 것

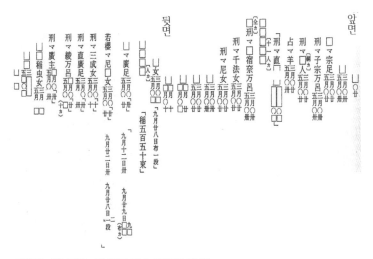

<그림 32> 가노코(鹿の子)C유적 174호 칠지문서 판독문

이라는 점에서 구체적인 모습을 말하고 있다. 출토 문자 자료에는 서민들의 신앙도 엿볼 수 있다. 주문이나 부호를 써서 사용한 것으로 보이는 목간은 각지의 유적에서 출토되고 있으며, 呪符木簡이라 부르고 있다. 발견 된 주술 부호는 그것이 도대체 어떤 목적인지, 오늘날 모르게 되어 버린 것이 대부분이지만, 곳곳에서 발견되는 사례의 확산에서 당시 사람들이 다양한 기회에 주술의 찰을 사용하고 있던 것을 알 수있다.

　묵서토기 중에도 주술에 쓰인 것으로 보이는게 많다. 예컨데 치바현(千葉縣) 산부군(山武郡) 시바야마마치(芝山町) 쇼자쿠(庄作) 유적에서 발견 된 '國玉神奉'이라 쓰인 토기는, 國玉神(=國魂神)에 예물을 올릴

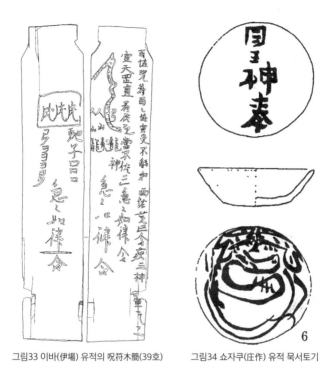

그림33 이바(伊場) 유적의 呪符木簡(39호) 그림34 쇼자쿠(庄作) 유적 묵서토기

때 사용 되었던 것 같다. 또한 같은 유적에서는 '罪厶國玉神奉'(=罪無国魂神奉)라고 쓰여진 것이나, '上総……秋人歳神奉進'이라 쓰여진 것 등(그림 36), 신에게 올린다고 하는 문구가 다수 보인다. 또한 '富', '財', '万', '吉', '福'같은 말을 쓴 것도 각지에서 발견되고있어 묵서 토기에 그러한 기원을 써서 사용하는 방법이 있었던 것 같다. 토기는 일상 식기로 사용되는 것이며, 음식을 담아 내는 도구에 기원을 써서 바쳤다고 할 수 있다.

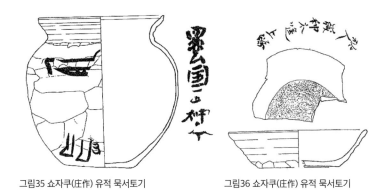

그림35 쇼자쿠(庄作) 유적 묵서토기

그림36 쇼자쿠(庄作) 유적 묵서토기

물론 빈 그릇보다는 음식을 담아 올려 드렸다고 생각하는 편이 좋을 것 같다. 『日本靈異記』중에는 병에 걸린 사람이 귀신에게 식사를 제공하고 귀신은 그 은혜에 갚기 위해 명계로 다른 사람을 데려 가는 설화가 보인다. 묵서 토기는 보이지 않는 귀신에게 식사를 공급함으로써 거래를 하고 자신의 기원을 실현하기위한 하나의 수단으로 고려되었을 것으로 보인다.

지방 사회의 실상

중앙을 중심으로 한 역사서 등의 문헌 사료에서 좀처럼 엿볼 수 없는 점에서 지방 사회에 대한 정보도 출토 문자 자료에 기대되는 점이 크다.

10세기에 편찬된 백과사전 『和名類聚抄』[59]에는 전국의 国郡郷

---

59) 『和名類聚抄』; 源順 찬. 10세기 전반에 편찬된 일본 最古의 辭書, 辭典.

의 명칭이 망라되어 있으며, 고대 향의 이름을 아는데 체계적인 유일한 사료라고 할 수 있다. 이 보다 앞선 시기에 대해 체계적으로 알 수 있는 사료는 없고, 10세기 이전 단계의 향(鄕)[60]의 편성은『和名類聚抄』에 의지하여 그 중 향의 이름을 소급시켜 상정 할 수밖에 없었다. 그러나 각지에서 발굴 조사 결과 8세기와 9세기에는『和名類聚抄』에 보이지 않는 향이 존재하는 것으로 나타났다. 후쿠시마현(福島縣) 이와키시 고차엔(小茶円) 유적에서는 '判祀鄕'이라 적힌 806(大同 원)년의 목간이 발견 되었지만 이 향의 이름은『和名類聚抄』에는 없다. 이 땅에 해당하는 이와키군(磐城郡)의 향은 9세기 이후『和名類聚抄』에 보이는 향으로 편성 교체 되었던 것 같다. 또 야마가타현(山形縣) 쓰루오카시(鶴岡市) 야마다(山田) 유적에서 발견 된 목간에는 '甘祢鄕'라고 쓰여져 있었다(그림 38).『和名類聚抄』는 사본에 따라 표기가 달라 '其弥'라 쓰거나 '甘祢'라고 쓰고 있어 이 목간이 발견되기 전까지는 어느 쪽이 옳은지를 몰랐다. 하지만 목간은 그 문제를 단번에 해결하게 되었다. 실물의 위력이다.

도치기현(栃木縣) 우쓰노미야시(宇都宮市)에서 가와치군(河內郡) 가미노가와치정(三上川町)에 걸쳐 가미코우누시(上神主) · 모바라(茂原) 유적은 가와치군(河內郡)의 군가(郡家) 유적이다. 여기서 건물의 지붕을 이은 기와가 대량으로 발견되었고, 인명을 대칼로 쓴 것도 다수 있

---

60) 향(鄕); 지방행정을 위한 조직의 하나. 율령에는 50호로 1리를 구성하고자 규정하고 있지만, 다이호 율령(大寶律令) 시행후 717(靈龜3)년 무렵 國郡鄕里의 4단계 조직이 되고, 그때 리가 향이 되었다. 740(덴표(天平)12)년 무렵 향 아래 리는 폐지되어 國郡鄕의 3단계가 된다.

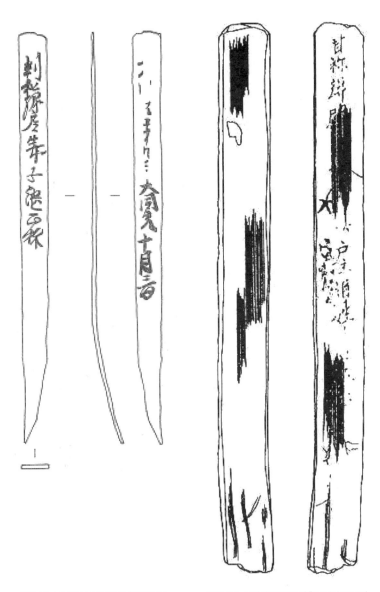

<그림 37> 고차엔(小茶円)유적 判祀鄕목간   <그림 38> 야마다(山田)유적출토 甘祢鄕 목간

<그림 39> 가미코우누시(上神主)-모바라(茂原) 官衙유적 출토 주부, 작부명

었다. 郡家 건물이기 때문에 군내의 사람들이 기와 생산 현장에 동원
되어 기와를 조달 하였을 것이다. 즉, 기와에 기록 된 인명은 군내에
어떤 씨성의 사람들이 거주하고 있었는지를 보여주는 사료이기도 하
다. 그것에 따르면, '사카베(酒部)', '사자키베(雀部)' 등의 성씨가 많이
분포하고 있던 것을 알 수 있으며(그림 39), 이 지역의 특징을 거주자
집단의 관점에서 자세히 밝혀갈 수 있게 되었다.

지역 사회를 해명하는 선상에서 군의 행정을 알수 있는 사료로 주
목된다. 후쿠시마현(福島縣) 이와키시(いわき市) 앗타메죠리(荒田目條里)
유적 제 2호 목간은 郡符[61]이며, 문구에서 '里刀自 이하 34인을 군사

---

61) 군부(郡符); 郡司에서 郡內에 대해 내린 공적명령서. 목간으로 보이는 사례가 많다.

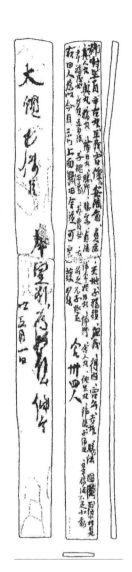

직전(郡司職田)⁶²⁾의 모내기에 동원 할 것을 명령했다.

필두에 里刀自가 있는 것을 미루어보면 소집된 사람들의 리더가 里刀自인 것처럼 보인다. 里刀自는 아마 里長(이 시기에는 鄕長)의 아내이며, 郡司에 의한 노동력 징발시에 이러한 명령이 이장 아니라 여성인 里刀自에게 보내진 것이 흥미롭다. 里에서 여성 리더로서 업무의 내용에 따라 이장보다 里刀自가 담당하는 것도 있었던 것 같다.

이시카와현(石川縣) 가호쿠군(河北郡) 쓰바타정(津幡町) 가모(加茂) 유적에서 발견된 제 5호 목간은 (그림 41)과 같은 것이며, 27행에 걸쳐 군사의 명령이 적혀 있었다. 상단에 2개소, 사각형 구멍이 있어 에도(江戶)시대에 왕래의 길목에 걸린 방(牓)처럼, 이 판을 매달아 인근 거주자들에게 명령 내용을 명시한 것으로 보인다. 가모

<그림 40> 앗타메조리(荒田目條里) 유적 2호목간

62) 군사직전(郡司職田); 郡司 4등관이 임용 기간 중, 국가에서 수여한 전지. 대보령에는 郡司職田, 양노령에서는 郡司職分田이라 한다.

유적은 가호쿠기타(河北潟)의 동쪽에 접한 땅이며, 또한 고대 북육도 (北陸道)⁶³⁾가 발견되는 등 수륙 교통의 결절점이기 때문에 이러한 牓 示札이 걸려 있었던 것 같다. 내용은 '아침은 인시에 밭에 가고, 저녁 은 술시에 집으로 되돌아 가라는 狀' 등 사람들의 일상 생활을 규제 하는 등 8개 조의 명령으로 이루어진다.

<그림 41> 카모(加茂)遺蹟의 牓示札(복원상정도).

장기간 집밖에 게시된 찰이 표면에서 먹색이 빠져 있지만 먹으로 쓰여진 문자 부분이 먹이 지키고 있던 기간만큼 주위보다 풍화가 늦 어져 약간 부풀어올라 있으며, 그 요철의 차이에 따라 문자를 읽을 수 있었다.

하찰목간에서도 많은 것을 알 수 있다. 이조대로 목간 중에 735(덴 표(天平) 7)년부터 736(덴표(天平) 8)년에 걸쳐 이즈국(伊豆國)에서 조

---

63) 북육도(北陸道); 고대 七道의 하나. 都였던 기내에서 북으로 뻗어 동해 연안 지방의 국과 都를 잇는다. 7세기 후반 덴무천황(天武天皇)말년 무렵 성립했을까.

(調)[64]로 貢納된 가쓰오(堅魚) 하찰이 많이 포함
되어 있었다(그림 44 참조). 이 분석에 따르면 鄕
단위로 하찰목간이 작성되었을 가능성이 지적
되고 있으며, 調 貢納에서 향의 역할을 생각할
수 있게 되었다. 또한 헤이죠큐(平城宮)터에서는
미카와국(三河國) 하즈군(幡豆郡)에서 니에(贄)로
[65] 공납된 해산물의 하찰(그림 42)이 많이 출토
되고 있다. 贄는 율령의 규정에 없는 貢納이며,
『延喜式』[66]에는 보이지만 8세기 단계의 모습을
아는 데 하찰목간 이외에 의거할 수 있는 사료
는 없다. 8세기 도성에서 나오는 꼬리표 목간에
의해서만 8세기 贄貢納 제도의 실태를 엿볼 수
있는 것이다.

---

64) 조(調); 율령제하에서 賦課의 하나. 성인 남자인 正丁에 대
해 각 지방의 특산물과 마포 등의 공납이 요구되었는데 공
납품은 國에서 수합해서 京으로 보냈다.

65) 니에(贄); 율령제하 지방에서 공납된 부과물의 하나이지만,
율령조문에 규정은 없다. 주로 천황께 공납된 신선한 해산
물이 많다.

66) 『延喜式』; 927년(엔죠(延長) 5)년 편찬. 율령법에 시행세칙
등을 정리한 책. 官司마다 관계 업무가 정리되어 있다.

<그림 42> 하즈군(幡豆郡)에서 보낸 贄 하찰(헤이죠큐(平城宮)목간 제368
호)(ⓒ나라문화재연구소)

III

출토 문자 자료를
분석하는
관점

형태에 주목한다.

출토 문자 자료는 지하에서 발견 된 실물로 서사되어 사용되었을 시점의 형태를 전하고있다. 물론 폐기 된 때 모양이 변형되었을 경우도 있지만 그것도 포함하여 사용하던 시대의 모습을 남기고있는 것이 중요하다. 즉 형태를 있는 그대로 고찰하는 게 분석에서 빠질수 없다. 형태도 유용한 정보 인 셈이다.

일본의 고대를 고찰하는데 쓰이는 많은 문헌 사료는 서사된 사본의 형태로 전해지고 있다. 사본의 경우, 그 문헌이 작성된 때의 형태 정보까지는 전해지지 않는다. 기록된 문자열로서 텍스트를 해독하는 방법이 주를 이룰 수밖에 없지만 출토 문자 자료는 다르다. 기록될 당시 직접 필기된 매체 자체가 남아있는 것이며, 기록 된 문자 정보뿐만 아니라 그 필기 된 매체에서도 당시의 여러가지를 알게 될 가능성을 내포하고 있다. 고고학에서는 발굴 결과 발견된 출토 유물에 대한 형태 · 재질 · 가공 기법 등을 정밀 조사하고 그 결과에서 고찰을 더해간다. 출토 문자 자료도 문자가 기록되어 있지만, 다른 유물과 마찬가지로 출토 유물인 것에는 변함이 없다. 같은 분석 방법으로 고찰되는 면이 있는 것은 당연한 일이라고 할 수있다.

출토 문자 자료 연구가 이처럼 문자 정보뿐만 아니라 형태면에서도 진행되고 있으므로 기존의 문헌 사료에 대해서도 그 분석 방법에 영향을 미치게 되었다. 가령 종이에 적힌 고문서는 쓰여질 당시의 종이 그대로 남아 있으면, 형태 정보는 유용한 분석 대상이 될 수있다. 고문서를 고찰하는데 어느 부분을 어떻게 가공했는지 등의 정보가 문자 텍스트의 정보 내용을 생각 하는데 도움이된다. 최근에는 고고학적 기법을 도입하는 형태로 발전한 출토 문자 자료 연구 방법이 傳世의 고문서 연구 등에도 영향을 주고있다. 출토 문자 자료에서 시작된 다양한 분석 기법이 다양한 사료를 분석하기위한 기법으로 참조하게끔 된 것이다. 분석 기법을 공유하는 분야 전체가 소위 사료학이라는 넓은 학문 분야라고 할 수 있는 것이다.

목간의 모습이나 재질

우선 목간을 예로 들어보자. 한마디로 목간이라고 해도, 다양한 형태가 있다. 큰 것, 작은 것, 사각인 것, 뾰족한 것…………. 그러나 대

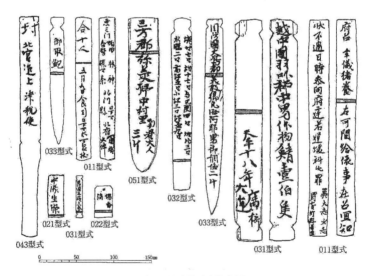

<그림 43> 목간 학회의 형식분류도

개 몇 가지 종류로 나눌 수 있다. 목간 학회에서는 이러한 형태를 분류해서 표현하기 때문에 기준이 되는 형태 분류를 설정하고 있다(그림 43). 각각의 형식에는 숫자로 형식 번호가 붙여져 있다.

이렇게 분화된 형태는 목간이 사용된 용도에 따라 변화한 것이다. 이를테면 031·032·033·039의 형식은 매달 수 있는 형태이며, 이것은 무엇인가에 매달기 위하여 끈을 걸 때 풀리지 않도록 나무에 홈을 파서 거기에 끈을 감은 것이다. 이 형식의 목간은 대개 무언가에 붙여진 것이라 생각해도 좋으며 실례로 보아도 쓰여진 내용에서 하찰로 사용되었다고 보여지는 것이 대부분이다. 또한 043 형식의 경우 크게 '封'이라 쓴 게 많다. 이 형식의 목간 2매 사이에 종이 서신을 접어서 끼워 목간의 외부에서 끈으로 묶어 밀봉한 것으로 보인다. 종이 편지를 봉함하는데 적합한 형태로 만들어져 있다. 이처럼 형태와 기능은 연결되어있다.

또한 목간을 생각하는데 재질도 흥미롭다. 목간의 용재로 사용되는 나무는 노송나무·금송·전나무 등이지만 지역에 따라 편차가 있다. 가공해서 먹으로 글자를 쓰는데 적합한 나무라는 점에서 몇개의 수종으로 한정되지만, 몇개의 수종 중에 지역에 따라 어떤 나무를 사용하는지 차이가 보인다. 헤이조큐(平城宮)터에서 발견된 오키국(隱岐國)에서 보낸 하찰 목간은 삼나무 뿐이며, 후쿠시마현(福島縣) 이와키시(いわき市) 앗타메죠리(荒田目條里) 유적 조사에서 발견된 목간은 과반수가 전나무류였다.

이러한 경향은 목간을 만드는 토지의 식생에 기인한다고 생각된다. 부근에 자라는 나무 중에서 목간에 적합한 나무를 이용하면 당연히 그 토지의 기후에 따라 자라는 수종은 다르고, 사용되는 용재도 다른 것이 된다. 그러나 그 같은 지역의 특성에 맞는 수종이 사용되고 있는 가운데, 그것과는 다른 수종의 목간이 섞여 있다고 하면, 일상의 재료와는 달리 특별히 재료를 선정했다고 생각할 수 밖에 없다. 목간의 기능을 생각 하는데, 그러한 점을 고려하여야 할 것이다.

목간의 작성과 폐기

목간은 나무를 가공해 만든 것이다. 당연한 것이지만, 이것을 규명해서 연구한다면 깊이가 깊다. 나무를 가공하려면 자름, 쪼갬, 깎음, 꺽음 등 여러 기법을 조합시켜 형태를 만든다. 고작 30cm 정도의 나무판을 만드는데도 여러 기법을 조합하여 통나무로부터 만들어 내는 것이다. 그 기법의 결합 방식에는 몇 가지 방식이 상정된다. 목간의 형태로 끈을 걸기 위한 부분을 만드는 경우에도 홈을 파넣거나 깎아 도려내는가 등 차이가 보인다. 덴표(天平)연간(729~749)의 이즈국(伊豆國)의 가쓰오(堅魚) 하찰 목간은 홈을 넣어 만드는 것이 기본인 것에 비해 대개 동시기 다자이후(大宰府)에서 도성으로 보내진 하찰 목간은 도려내어 만든 것도 많다.

지역 차이뿐만 아니라 목간 작성자의 개인차도 있지만, 이러한 작성 기법의 차이는 형태로 남겨진 정보로 밖에 분석 할 수 없다. 목간의 형태에 착안한 고고학적 관점에서의 고찰이라고 할 수 있을 것이다.

<그림 44> 이즈국(伊豆國)에서 보낸 가쓰오(堅魚)의 하찰(이조대로 목간)(ⓒ나라문화재연구소)

<그림 45> 다자이후(大宰府)에서 보낸 하찰(부분) 상부의 끈을 묶는 부분(矢印)의 가공은 도려내어 만들었고, 둥그스럼하게 凹형으로 되어 있다. <그림 44>의 이즈국(伊豆國)의 하찰과 비교해도 차이가 보인다.(ⓒ나라문화재연구소)

III. 출토 문자 자료를 분석하는 관점   **97**

목간을 만드는 과정과 함께 목간을 폐기에도 방식이 있다. 그냥 그대로 버리는 경우도 물론 있지만, 그 중에는 손을 대 처리하여 버린 것도 있다. 명령을 쓴 목간 등의 경우 재사용되는 것을 방지하기 위해 문구를 삭제하거나 목간을 파쇄하는 사례도 있다. 이러한 목적으로 목간의 문구를 깎아 낸 후 폐기하는 것을 당연히 생각할 수 있지만, 그 외에도 나가노현(長野縣) 지쿠마시(千曲市)의 야시로(屋代) 유적군 출토 제114호 목간 같은 예가 있다(그림46). 이 목간의 문구는 군사가 아래 사람들에게 물자와 노동력의 동원을 명령 한 것으로, 군부(郡符)라 불린다. 이 郡符 목간이 불필요하게 될 무렵 폐기자는 목간의 시작 부분에 해당하는 수신자가 쓰여진 '符 屋代郷長' 부분을 세로로 몇 조각 쪼개어 버린다. 그 이외의 것은 세로로 두 개로 나누어 버린다. 수신자 부분을 특별히 정성스럽게 처리했다고 해석할 수 있다. 말하자면 고대판 세절기 처리라 하겠다.

또한 니가타현(新潟縣) 나가오카시(長岡市) 하치만바야시(八幡林) 유적 출토의 郡符 목간도 (그림 47) 폐기 전에 가공되었다. 발견 된 목간은 크게 세 조각으로 절단되어 있었던 것이다. 칼집을 자세히 관찰하면 분명 칼날을 넣은 매끄러운 절단면이 있어 묻히면서 흙의 압력으로 부러진 것은 아니다. 이 처럼 폐기에서 인위적으로 처리하는 경우가 있음이 알려져 왔다. 명령 등의 정보의 취급 방법까지 이런 목간에 의해 밝혀지고 있다.

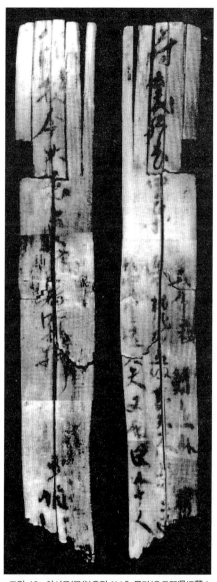

<그림 46> 야시로(屋代)유적 114호 목간(©長野県埋蔵文化財センター)

<그림 47> 하치만바야시(八幡林) 유적 1호 목간

칠지문서의 復原

　형태 정보는 칠지문서 연구에도 중요하다. 칠지 문서는 보통 두께 1㎜ 이하이며, 대단히 약하다. 발견된 것을 집어들 때 깨져버리는 것도 많고, 땅 속에 묻혀있는 동안에 손상된 경우도 많다. 발굴 현장에서 수습되어 조사실에 도착한 상태는 대체로 조각으로 나누어져 있다.

<그림 48> 산노(山王)유적 3호 칠지문서의 복원. 수 많은 단편을 접합한 상태(ⓒ多賀城市教育委員會)

원래 1점의 칠지에도 수십 점에서 100점 가까운 조각으로 나누어져 있는 것도 있다. 하나 하나의 조각에 실려있는 작은 문자 정보도 연결한다면 더 의미를 알 수 있는 단어로 정리 될 수 있기 때문에 단편끼리 접합시키는 작업이 조사 속에서 필요하게 된다.

칠지문서도 유물인 이상 물건으로 볼 수 밖에 없음은 말할 나위도 없다. 비록 두 조각의 단편 문구가 문맥에 적합하더라도 단면이 접합되는 형상을 하고 있지 않으면 직접 연결할 수 없다. 반대로 형상에서 이어진 것이 판명되어 처음으로 묶을 수 있는 문자 정보도 있다. 두께 1mm 정도의 단면을 주시하면서 참고 견디는 작업이 계속된다. 옻칠이 부착되어 있는 면에는 漆膜의 주름이 생기나 두께의 차이가 있기도 한다. 이것 역시 접합 여부의 중요한 기준이 된다. 부착된 漆膜의 색상도 같은 옻칠 종이의 다른 부분에서 다를 수 있다. 지그소 퍼즐(Jigsaw puzzle)의 고급편을 방불케한다. 지그소 퍼즐보다 귀찮은 건, 조각이 바로 옆에 모두 들어맞지 않는데 있다.

칠지 문서가 땅 속에 남는 것은 옻칠막으로 덮혀있기 때문이며, 용기의 뚜껑 종이로 이용 된 경우에는 용기의 입 모양과 같은 형태이고 옻칠이 부착되어 있다. 그 부착된 형태로 종이가 남는 것이기 때문에, 원통형의 마게모노(曲物)를 용기로 사용하고 있던 경우, 그 입 모양과 같은 원형에 옻칠이 부착되어 원형 부분만 남아 있다. 남겨진 조각은 그 원형 중에 들어갈 것이므로, 용기의 구경을 알면 그 크기의 원을 그려 놓고 그 안에 들어가도록 접속해서 검토하면 좋다.

이렇게 시간이 지나 접합한 결과 원래의 문서 단계에서 문자가 쓰여겨 있지 않은 부분에 해당하는 단편도 있다. 칠지의 단편을 접합하기 전의 단계에서는 아무것도 적혀 있지 않은 조각이라는 것이다. 그러나 문자가 없는 조각이라도 의미가 있다. 어떤 부분에 문자가 쓰여져 있고, 어느 부분에 문자가 쓰여져 있지 않는가의 여부에 따라 문서의 내용을 추측하는 단서가 된다. 칠지문서는 크기가 제한된 가운데 문서의 종류를 고찰해야한다. 한정된 공간 속에서 어떤 위치에, 어떤 크기의 문자가 배치되어 있는지를 생각해 볼 필요가 있다. 전세해서 전래된 동시대의 문서 사진 등과 비교하면서 그것이 書狀인가, 장부인가라는 점을 추측해 나간다. 이 작업 중에 문자가 없는 부분이 어느 위치에 오는지를 통해 알려진 어느 서식에 가까운가를 알 수 있게 된다.

또 칠지문서는 앞뒤에 문자가 쓰여져 있는 것도 많지만, 그 경우 표리의 관계도 흥미롭다. 쓰여진 문자 정보가 문서 전체 중 어느 위치에 해당하는지를 생각하며, 더욱이 앞뒤 각각의 관계를 알면 잃어버린 문서 전체의 모습도 復原할 수 있다. 이사와조(胆澤城) 터 제 3호 칠지문서의 경우에는(그림 49) 그 표리 관계가 선명하게 해명되었다.

이 문서의 옻칠 부착면은 엔랴쿠(延曆)22(803)년 4월의 구주력(具注曆),[67] 반대면은 엔랴쿠(延曆)23(804)년 9월의 구주력(具注曆)이었다. 연속하는 2년분의 달력이 앞뒤에 적혀 있던 것이다. 각각의 면에 남겨진 월일 부분을 일년분의 달력 기재의 위치 속에서 생각하면, 엔랴

---

67) 구주력(具注曆); 각각의 날짜마다 그날의 길흉 등을 적은 1년간의 달력. 매년말에 음양료(陰陽寮)에서 작성해서 이것이 천황에게 주상되고 반포된다.

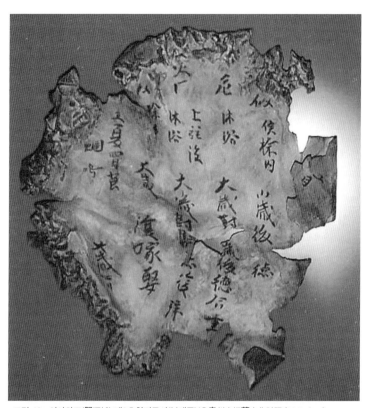

<그림 49> 이사와조(胆澤城) 제3호칠지문서(복제품)(Ⓒⓐ奧州市埋蔵文化財調査センター)

쿠(延暦)22년의 1년분 달력을 뒷면을 사용해서, 이듬해의 달력을 잇달아 서사해서 사용한 것을 알 수 있다. 이 두루마리는 2년에 걸쳐 사용되다 폐기되어 옻칠용기의 뚜껑 종이로 전용되었다고 할 수 있다. 이 사례를 통해 관공서에서 달력을 사용하던 하나의 방법이 밝혀지게 되었다. 칠지문서는 표리에 별도의 문서를 기록된 것도 많지만,

그럼에도 표리의 관계를 항상 염두에 두는 것이 새로운 발견으로 이어질 가능성을 내포하고 있다.

묵서 토기의 서사 부위·방향

묵서 토기의 경우 문자를 쓴 위치(=부위)의 인식이 필요하다. 토기는 물건을 담는 안쪽면을 위로 향하게하여 사용하는가, 그것을 덮어 사용하는가, 사용 방법에 따라 겉에서 볼 수 있는 면이 다르게 된다. 또 쓰여진 방향도 토기를 어느 쪽에서 기록 하느냐에 따라 다르다. 문자가 적힌 부위나 쓰여진 방향은 그 토기가 어떻게 쓰였는지 고찰하는데, 중요한 열쇠가 될 것이다.

미야기현(宮城縣) 다카조시(多賀城市) 산노(山王)유적에서 그림50 같은 묵서토기가 출토되었다. 토기 내면에 길게 주문 같은 문장이 쓰여져 있다. '急々如律令'이라는 주문 특유의 문구나, '鬼神'이라는 말에서 주문인 것은 분명하지만, 그 내용은 잘 모른다. '腹'과 '病人'이 보이므로 복부 질환의 쾌유를 기원하는 것일까.

이 묵서 토기의 주문이 읽을 수 있는 방향으로 안쪽을 위로 향하게 하면, 바깥면의 앞쪽에 '口上'이란 문자가 온다. '口上'은 아마도 '말씀 올립니다'라는 의미이고, 누군가에게 정중하게 올리고자 하는 의도가 보인다. 질병 쾌유를 기원하며, 눈에 보이지 않는 귀신에게 바칠 물건을 그릇에 담고, 그 그릇에 기원 문구를 기록한 것이다. 쓰여져 있는 문구의 의미를 잘 모르기 때문에 이 해석을 확정할 수 없지만, 하나의 생각으로 이렇게 파악하는 방법이 가능할 것이다. 귀신이

<그림 50>-산노(山王)유적 呪符토기(ⓒ東北歷史博物館)

물건을 손에 들자 문건이 담긴 토기 표면에 귀신에게로 메시지가 적혀 있었다......고 하는듯한 이미지가 연상된다. 게다가 이 토기의 저부 외면에는 '平'이라 쓰여져 있다. 쾌유를 기원하는 문구인 걸까. 그러나 귀신에게는 직접 보이지 않는 위치일지도 모른다. 어느 위치에 어떤 문구를 쓰고 있는지, 이렇게 토기의 실제 사용 방법도 염두에 두는 분석이 각지에서 출토된 묵서 토기에 대해 진행되고 있다.

자료군으로 생각한다.

출토 문자 자료는 대체로 한 점당 정보는 적다. 한점 한점의 정보량은 많지 않지만, 그러나 그것을 정리하는 것에 따라 유용한 정보가 되는 경우도 많다. 어떤 관점으로 하나로 정리하고, 자료군으로 처리함으로써 다양한 것이 밝혀지게 된다.

같은 유적에서 나오므로 그룹으로 고찰하는 것도 물론이며 묵서 토기나 목간 등 같은 소재끼리라는 생각도 할 수 있다. 또 유사한 유적에서 출토된다는 견해에 서면 멀리 떨어진 유적에서 나온 것도 아울러 생각할 수 있게 된다. 한점 한점의 정보량이 적은 이상, 단독 자료로 고찰을 진행할 뿐 아니라, 다른 자료와 다양한 조합으로 고찰을 진행할 필요가 있다.

목간군의 고찰 방법

목간은 대형이라면 1m를 넘는 것도 있지만 겨우 20~30cm 전후의 것이 보통이다. 앞뒤 양면을 합쳐도 문자를 쓸 수 있는 면적은 제한되고, 한 점 한 점의 기재 정보도 많지 않다. 여기에 글을 써서 상대에게 무언가를 전한다고 해도 어떻게 쓸 것인지 궁리하지 않으면 금세 면 가득히 글자가 채워져버린다. 결국 목간에는 글쓴이와 읽는이가 다 알고 있는 서식이 있고, 그 서식에 따라 정보가 기록되고 있는 것이다. 그런데 발굴조사에서 나온 목간을 조사하고 있는 지금의 우리들이 그 서식을 이해하고 있다고는 할 수 없다. 목간을 쓴 사람들이 어떤 규칙을 가지고 썼는지 처음부터 생각해 나가야 하는 것이다. 당연한 일이지만 한 점만을 단독으로 바라보아서는 공통의 규칙을 알기 어렵다. 유사한 정보를 전하고 있는 목간을 비교하여 살펴보고 이와같은 정보전달에는 이러한 서식의 패턴으로 쓰고 있는 것을 귀납법적으로 찾아내지 않으면 안된다.

나가야왕(長屋王)家 목간 중에는 다음과 같은 서식이 많이 발견되었다.

·要帶造人七口仕丁 一口米一斗六升
·受卜部万呂八月十四日大嶋書吏

직명 또는 인명, 인원수, 쌀의 양, '받은'사람의 인명, 날짜, 인명(+가정기관의 직명)과 같은 패턴으로 정보가 쓰여져 있다. 이 목간에서는 要帶(=腰帶)造人 7명과 仕丁 1명에게 쌀이 1말 6되가 지급되었고, 그것을 받은 사람이 卜部万呂라는 인물로 이 지급이 8월 14일에 오오시마(大嶋)라는 인물과 나가야왕(長屋王)家의 서리라는 직임자의 책임 하에 이루어졌음을 보여준다. 이 양식의 목간이 나가야왕(長屋王)家 목간 가운데 대량으로 발견되었다. 그리고 그것을 정리해 고찰

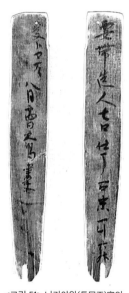

<그림 51> 나가야왕(長屋王)家의 전표목간.(ⓒ나라문화재연구소)

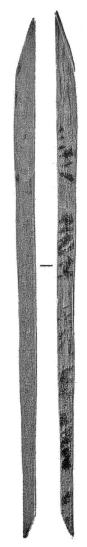

하면 쌀의 양이 1인당 5홉 내지 1되로 적었고, 날짜는 연도를 생략하고 있으며, 쌀 지급 책임자 인명은 성을 생략하고 이름만 쓴 특징을 알 수 있다. 또 많은 경우 상단이나 하단에 글을 쓴 후 구멍을 뚫어 놓은 것도 알 수 있다.

이러한 특징으로는 좁은 범위에서의 주고받음이라고 볼 수 있으며, 지급 대상자로 쌀의 지급 절차가 저택내에서 매일 이루어지고 있었다고 추측된다. 또한 이렇게 지급자별로 기록한 목간을 구멍을 뚫어 편철해두고 월말 등에 한꺼번에 통계를 내어 상급자에게 보고했을 것 같다. 쌀의 관리 업무를 짐작해 볼 수 있다.

군으로 고찰 방법을 釋讀에 활용

목간군의 고찰방법은 목간의 문자를 읽을 때에도 활용된다. 나가야왕가 목간 중에서 (그림 52)와 같은 목간이 출토되고 있다. 이 목간은 세로로 쪼개진 조각으로 여섯 자 정도가 부분적으로 남아있다. 이대로 오로지 붓의 흔적을 쫓아도 뭐라고하는 문자인지 좀처럼 검토가 되지 않는다. 물론 어떤 문자인지를 상

<그림 52> 쪼개진 목간 (헤이조쿄(平城京) 목간 제460호).(©나라문화재연구소)

상하며 붓의 흔적을 좇아 생각하지만, 이때 유용한 정보가 되는 것이 같은 장소에서 어떤 내용의 문자가 발견되고 있는가라는 지식이다. 같은 저택터에서 사용하던 목간이라면 같은 문구가 적힌 것이 여럿 나올 가능성이 높다.

이미 釋讀할 수 있는 목간의 문구를 참조하면서 붓 자국에 적용시켜 고찰해 나간다.

이 목간의 필적을 좇으면서 이미 석독할 수 있는 목간을 머릿속에 띄워 가면, (그림 24) (34페이지)의 목간이 떠올랐다. Ⅱ장에서 소개한 목간이다. 이 목간과 좌우에 늘어 놓고 보면 알겠지만(그림 53) '長屋親王宮……'이라 쓴 문자열의 정중앙이 남았던 것이 있다. (그림 24 참조)의 목간이 발견되지 않았다면 Ⅱ장에서도 언급했

<그림 53> '長屋親王宮飽大贄' 목간과의 비교. (©나라문화재연구소)

다시피 '長屋親王'이라 불리는 호칭조차 확신을 가질 수 없었을 것이다. 이렇게 (그림 52)의 목간은 '長屋親王宮□'이라 읽을 수 있었다.

군 속에서 접합을 검토한다.

목간은 완전한 형태로 출토된 것은 적다. 그러나 파손된 상태에서도 뿔뿔이 흩어진 조각을 접합시켜 원래의 형태에 근접 할 수 있으면, 파손된 상태에서도 더 많은 것을 생각할 재료가 많아진다. 이러한 점에서 가능한 한 조각들을 접합시켜 나가야 한다.

원래는 하나의 개체였던 목간이 불필요하게 되어 폐기된 때와 땅속에 묻혀져 버린 사이 혹은 발굴 조사 과정에서 뿔뿔이 흩어지게 될 수 있다. 그러나 이 경우에도 폐기된 장소가 조각마다 멀리 떨어져 있다고 상정하기 어렵고, 하물며 땅속과 조사 과정에서 떨어진 조각이라면 근접한 장소에서 출토되었을 것이다. 목간이 여럿 출토된 경우에는 가까운 장소에서 발견된 것도 이렇게 주의할 필요가 있다. 구체적으로 말하면, 같은 유구에서 발견된 것, 게다가 같은 유구의 근접한 지점과 같은 토층에서 발견된 것 등은 주의해서 접합의 가능성을 찾아 놓아야 한다.

한 예를 소개해 두고자 한다. 나가노현(長野縣) 지쿠마시(千曲市) 야시로(屋代) 유적군에서 발견된 제 13 호 목간은 (그림 54)와 같다. 다음은 이 목간의 조사에 관련된 일원으로서 나의 경험이다.

이 목간은 서두에 '戊戌年'이라는 698년의 年紀가 있어, 귀중한 7세기대 지방에서 출토된 목간이다. 이 서두 부분은 두 개의 조각에 문자가 걸쳐있지만, 조사 초기 단계에서는 좌측 조각으로만 석독을 진행하였다. 시험삼아 좌측 조각만 살펴보면 (그림 55)와 같다. 8월 20일이라는 날짜 위에 기록되어 있기 때문에 年紀임에는 의심의 여지가 없지만, '戊戌'이라고 읽을 수 있을지, 간지 부분의 석독은 모처럼 어려웠다. 쪼개진 오른쪽 조각이 출토되지는 않을까, 같은 토층에서 나오고있는 것을 샅샅이 조사하여서 나이테와 유사한 것 중에서 붙여 봄으로써 오른쪽 부분을 발견할 수 있었다. 그리고 오른쪽 부분이 발견된 것에 의해 오른쪽에 자획이 복잡하게 뻗친 것이 아니라 '戊戌'이라고 읽어도 좋을 것 같다는 것을 알 수 있었다. 이처럼 접합 할 수있는 것은 가능한 한 접합시켜 나감으로써 내용을 생각해가는 조건이 갖춰져 나가는 것이다.

<그림 55> 야시로(屋代)유적 13호 목간 '戊戌年'부분(ⓒ長野県埋蔵文化財センター)

<그림 54> 야시로(屋代)유적 13호 목간
(ⓒ長野県埋蔵文化財センター)

수를 다루어 처음 안 문자

묵서 토기 중에는 그림 56과 같은 문자가 있다. '乃'라는 한자, 혹은 그리스 문자의 β(베타)같은 형태이지만, 물론 β(베타)라고 적은 것은 아니다. 이것이 도대체 어떤 문자인지, 이 토기만 보고 있어도 모를 것이다. 그래서 이 문자가 발견된 같은 유적, 또한 가까운 장소의 유적에서 비슷한 것이 발견되지 않았는지 여부를 찾아야 된다. 가령 같은 지바현(千葉縣)내에서 그림 57과 같은 것이 발견되었다. 아무래도 이 문자는 곳곳에서 기록되어있는 것 같다.

반면에 이것이 어떤 의미인지는 다른 문자와 조합한 사례에서 찾아볼 수 있다. 지바현 나리타시(成田市) 가라베(加良部 LOC15)유적에서 발견된 것을 늘어 놓았지만 좌측 상단의 것은 다른 것과 같은 '私得'이라 적어 놓은 것 같다. '得'이라는 글자는 초서 같이 된다.

이처럼 하나의 유적 범위를 넘어 공통으로 사용되는 글자체가 있다. 토기에 묵서하는 행위는 하나의 취락만으로 이뤄진 것이 아니라, 부근의 취락에 유사한 것이 전파해 나갔다고 보인다. 하나의 유적 뿐 아니라 가까운 지역의 자료를 시야에 넣어 그 자료군 속에서 보지 않고는 읽을 수 없는 문자나 문구가 있다. '得'의 초서는 그 한 사례에 불과하다.

동시대 같은 성격의 유적과의 비교

야시로(屋代) 유적에서는 그림 59와 같은 목간이 발견되었다. 이 목간의 조사에 종사한 사람으로서 나의 경험 중 하나이다.

<그림 56> 'β'같은 묵서토기(쇼자쿠(庄作) 유적)

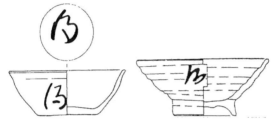

<그림 57> 'β'같은 묵서토기의 유사사례(후미야키(文脇) 유적, 나가요시다이(永吉台) 유적군)

<그림 58> 가라베(加良部[LOC15]) 유적 '私得'명 묵서토기

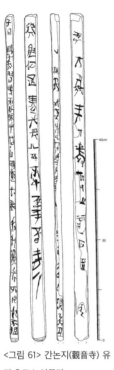

<그림 61> 간논지(觀音寺) 유
적 출토 논어목간

이 목간도 좌우가 쪼개어져, 목간면의 가운데가 수직으로 남아 있어, 이 것만으로 釋讀하는 것은 어렵다. 그래도 기나긴 시간 생각한 결과 보고서를 간행할 단계에서는 '□鳥乎人不□□□'이란 석독결과를 공표했다. 그러나 이 문구는 전혀 의미가 통하지 않는다. 보고서를 간행 할 때까지의 시간으로는, 부랴부랴 이 같이 읽을 수 있는 방안을 낼 수 밖에 없었던 셈이다.

그런데 이 보고서가 간행되면서 약 1년 반 후 도쿠시마현(德島縣) 도쿠시마시(德島市) 간논지(觀音寺)유적에서 7세기대로 거슬러 올라가는 『論語』의 첫 머리를 기록한 목간이 발견되었다.

간논지(觀音寺) 유적의 목간은 가로 폭이 완전히 남아있는 데다, 墨痕도 뚜렷이 있다. 문자 수도 꽤 남아있어 『論語』學而篇[68]의 시작 부분이 틀림 없다. 간논지(觀音寺) 유적은 아와국부(阿波國府)[69] 추정 지역에 근접하고 阿波國造의 지방 호족의 활동 거점에 가깝고 7세기에서 8세기에 걸쳐 아와국의 중심이 된 지역으로 보인다. 지방 호족의

---

68) 『論語』學而編; 『논어』서두의 편목. 「子曰 學而時習之」로 시작해서 첫 문구가 著名

69) 국부(國府); 諸國의 행정을 위해 설치된 國廳과 그 외의 시설로 된 지방행정의 중심지.

활약 무대에서 『논어』가 발견됨에 따라 야시로(屋代) 유적군의 목간을 다시 한번 재검토하게 되었다. 야시로(屋代) 유적군도 7세기에서 8세기에 걸쳐 시나노국(信濃國)내의 유력한 지방 호족 활동 거점이 된 유적이다. 보고서는 아직 석연치 않는 釋文이었던 것, 특히 『논어』의 가능성이 있지 않을까 처음부터 의심을 가지고 있었던 것을 중심으로 재검토가 진행되게 되었다.

그 검토에서 또 다시 목간의 이미지를 바라보고 있을 때, 문득 깨달은게 제45호 목간이었다. 이 목간은 재검토를 시작했을 즈음 아직 『논어』라고는 생각하지 않았던 소위 노마크였다. '……乎人不………'이라는 이 문자열은 혹시 『논어』의 한 구절 어딘가의 짝이 아닌가? 갑자기 생각되어 『논어』를 넘겨보니, 첫머리의 學而篇 속에 있는 '有朋自遠方來', 不亦樂乎, 人不知而不慍, 不亦君子乎'의 한 구절이 눈에 들어왔다. '이거다!' 무의식적으로 외치

<그림 60> 야시로(屋代)유적 45호 목간 추정복원도(ⓒ長野県埋蔵文化財センター)

<그림 59> 야시로(屋代)유적 45호 목간(ⓒ長野県埋蔵文化財センター)

며, 등에 떨림이 있었다는 것을 기억한다.『논어』의 본문에 따라 목간의 문자를 확인해 보면, '鳥'라 읽었던 문자는 '樂'의 중앙 부분으로 적당할 듯 싶다. 읽지 못했던 아래 부분의 문자도 각각 '知而不'의 중앙부분으로 모순이 없고, 마지막 문자도 '慍'의 가능성이 높다. 재검토를 실시하고 멤버 전원이 납득하는 석독에 간신히 도착 할 수 있었던 것이었다.

이 목간은 그후 석문의 정정을 공표해서 '亦樂乎人不知而不□[慍?]'이라 했다. 현재는『논어』를 쓴 목간으로 알려져 있다. 간논지(觀音寺) 유적에서 발견이 있었던 게 유사한 성격인 야시로(屋代) 유적군의 목간을 다시 보게 되고, 결과적으로 둘 다『논어』를 쓴 것을 발견하게 되었다. 같은 시대의 지방 사회는 거리가 떨어져 있어도 같은 과제에 직면하고 있었던 것이다.

중앙 주도로 중국적 관료제의 정비가 진행되고 있는 가운데,『논어』를 배우고 중국의 지식 습득에 필사적이었던 게 7세기 지역 사회였다. 이 목간은 동시대의 지방 유적 자료가 거리를 두고 있어도 같은 성격의 자료군으로 고찰할 수 있음을 보여주고 있다. 그리고 또하나 중요한 일은 목간 석독시 중국의 고전일 가능성을 항상 고려하여야 한다는 교훈이 남았다.

IV

확산 연구 대상

-열도의 끝으로,
국토의 밖으로-

출토 문자 자료와 변경 사회

전해진 문헌에서 말하는 세계는 한계가 있다. 일본 고대의 경우 그 문헌이 기록된 것은 대체로 중앙이며, 중앙에서 파악되어 묘사된 것 중에는 지방의 모습, 하물며 변경의 모습은 좀처럼 나타나지 않는다. 문헌에서는 알 수 없는 변경 사회의 실태를 출토 문자 자료에 의해 밝혀지는 면이 크다.

고대 일본의 국경은 크게 나누어 남과 북이 있다. 하나는 남쪽 규슈(九州)에서 남도 사이의 지역, 그리고 다른 하나는 북동북에서 홋카이도(北海島)까지의 지역이다. 최근에는 일본 열도의 북쪽에서도 남쪽에서도 발굴 조사가 진행되고 있다. 그곳에서 발견되는 출토 문자 자료에 의해 그 땅이 고대에 어떤 상황이었는지 단편적이긴 하지만 밝혀지게 되었다. 출토 문자 자료는 문자를 쓴다는 공통된 행위를 통해 동시대의 다른 지역과 상황의 차이에 대해 비교를 시도 나가기 위한 지표이기도하다. 문자 문화가 변경까지 퍼진 시점에서 변경 사회도 같은 방법으로 연구하는 대상 지역이 된 것이다.

남방의 출토 문자 자료

7세기에서 8세기 초에 걸쳐 규슈(九州) 남부 사람들인 '하야토(隼人)[70]가 판도를 확대하는 국가와 대립 할 수 있어, 국가에 의한 정벌

---

70) 하야토(隼人): 고대 南九州에 거주한 사람들. 7세기말부터 8세기에 걸쳐서 복속이 진행되었고, 국가지배에 흡수되었다. 709(와도(和銅) 2)년에는 6년 마다 조공이 정해졌고, 교체로 기내에 거주시켰다. 기내의 하야토는 조정에서 의식에 참가해서 복속을 나타내고, 큰 소리를 내어 邪靈을 내쫓는 역할을 맡았다.

대상이 되었다. 이러한 과정을 거쳐 이 지역은 군국제[71)]에 포함되고, 編戶・造籍의 대상이 되었지만 7세기 말부터 8세기 초에 설치된 오오스미(大隅)・사쓰마(薩摩) 양국에서 실제 반전제[72)]가 시행된 것은 800(연력 19)년에 이르러서였다. 9세기에 이르기까지 국가에 의한 지배는 깊이 침투하지 않았던 것이다. 하야토 사회에서 문자 문화의 흔적으로는 취락 유적에서 발견되는 묵서토기를 들수 있지만, 묵서토기의 출토 점수가 많아지는 것은 9세기 무렵이다. 율령제 지배를 관철하는 과정과 병행하여 중앙의 문화였던 게 수용되어가는 것이다.

더욱이 남쪽의 아마미 오시마(奄美大島)에서 '天'이라 대칼로 쓴 토기가 발견되었다. 이 토기는 カムィ焼(※옮긴이: 가고시마현(鹿児島縣) 아마미군(奄美群島) 도쿠노시마(德之島)에서 11세기부터 14세기에 걸쳐 만들어진 도기의 명칭이다. 고고학에서는 '南島系陶質土器'라고도 부른다.)라는 스에키에 가까운 것으로, 도카라열도(吐噶喇列島)에서 류큐(琉球)제도에 걸쳐 유통되고 있으며, 도쿠노시마(德之島)에 생산 거점이 있던 것으로 알려져 있다. 남도에도 이런 문자 자료가 발견되고 있기 때문에, 이 문자가 가지는 의미와 함께 어떤 계보에서 문자를 쓰는 행위가 남도 지역에 반입 된 것인지, 앞으로 해명되어 나갈 것으로 기대 된다. 다자이후(大宰府) 유적 출토 목간 중에는 '掩美嶋' 나 '伊藍嶋'라 적힌 하찰목간 또는 정리용 부찰 목간이라 생각되는 것이 보이며, 이 섬에서

---

71) 국군제(國郡制); 國-郡의 중층적인 조직으로된 지방행정제도.
72) 반전제(班田制); 6년마다 1번 작성하는 호적의 기초, 율령 규정의 구분전을 지급하는 제도. 調와 庸을 부담하는 사람들이 생업을 유지하키 위한 전제가 된다.

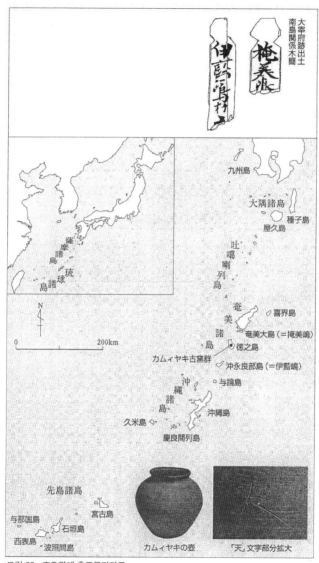

大宰府跡出土
南島関係木簡

九州島

大隅諸島
　　　種子島
屋久島

吐噶喇列島

奄美諸島
　　喜界島
　奄美大島（＝掩美嶋）
　徳之島
カムィヤキ古窯群　沖永良部島（＝伊藍嶋）
　　与論島
沖縄諸島
　　沖縄島
久米島
慶良間列島

薩摩諸島
琉球諸島

N

0　　　　200km

先島諸島
与那国島　　宮古島
　　　石垣島
西表島　波照間島

カムィヤキの壺　　「天」文字部分拡大

<그림 62> 南島関係 출토문자자료

물품이 다자이후(大宰府)로 보내진 것이 틀림 없다. 다자이후와 남도를 잇는 것은 이러한 경제 활동의 확대와 함께 문화면까지 이어져 있었던 것이다.

북방의 출토 문자 자료

고대의 북방 사회에서는 9세기 초반까지 국가의 관공서가 태평양쪽으로는 현재 이와테현(岩手縣) 중부까지, 동해쪽으로는 아키타현(秋田縣) 중부까지 설치되었지만, 그 북쪽은 국가의 지방 조직인 國-郡-里에 편성되지 않았다. 현재 이와테현(岩手縣) 모리오카시(盛岡市)와 아키타현(秋田縣) 아키타시(秋田市)를 연결하는 라인 부근이 고대 국가에 의한 직접 지배의 북방 한계가 된다. 그러나 이 라인에서 북쪽 사회에도 문자를 사용하는 문화는 침투되어 있었다.

동북 지방 북부에서도 묵서 토기들이 확인되고 있다. 坏에 1글자 정도의 문자를 쓴 것이 대부분이라는 점은 율령 국가의 지배하에 있는 지역과 동일하다. 에미시(蝦夷)라고 불린 이 지역 사람들이 어떻게 해서 이러한 문자 문화를 흡수하고 또 새롭게 발전시켜 나갔는지는 앞으로 발견될 사례에 의해 더욱 연구의 진전이 기대되며, 에미시 세계가 어떻게 전개해 나갔는지를 규명하는 중요한 열쇠이기도하다.

혼슈(本州) 북단의 아오모리현(青森縣)에서도 9세기 집락에서 묵서 토기가 발견된다. 간토(關東)지방에서처럼 하나의 집락에서 100점이 넘는 묵서토기가 출토된 정도는 아니지만, 집락 속에 묵서 토기가 몇 점 발견되는 것도 보기 드문일이 아니다. '幸', '万'이라는 문자를 적은 토기도 발견되고 있어, 역시 기원이나 주술 문구의 가능성을 고려할 수 있을 것이다. 또한 홋카이도(北海道) 道央지방에서도 묵서 토기가 발견되는 경우도 있어, 쓰가루(津輕)해협을 넘어 수백 킬로미터 북쪽까지 묵서 토기를 사용하는 사람들이 있었던 것이다.

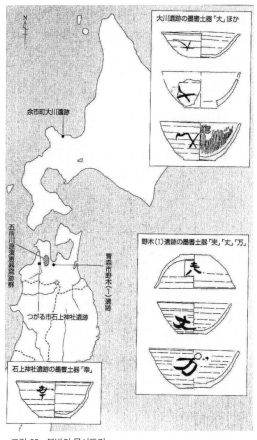

<그림 63> 북방의 묵서토기

최근에는 목간도 출토되기 시작했다. 아오모리시(青森市) 닛타(新田) (1) 유적에서는 도랑에서 많은 제사 유물과 함께 모노이미후다(物忌札)[73]로 생각되는 목간이 발견되어 주목된다. 북방 사회가 어떤 역사적 전개를 해왔는지 10세기에서 11세기의 상황에 대해서는, 문헌 사료가 거의 없는 것도 있어서 수수께끼였지만 이러한 출토 문자 자료가 이 지역의 역사를 생각하는데 많은 힌트를 줄 것이다.

또한 북방 지역끼리의 교류 문제도 출토 문자 자료가 관계되어 있다. 아오모리현(青森縣) 고쇼가와라시(五所川原市)에는 9세기 후반부터 10세기에 걸쳐 조업한 스에키(須惠器)[74] 가마터가 흩어져 분포하며, 고쇼가와라 가마군(五所川原窯蹟群)이라 부르고 있다. 이 가마에서 생산된 스에키에는 대칼로 쓴 문자나 기호가 적힌 비율이 대단히 높다. (그림 65)는 그 중 몇가지 예이다.

어떤 목적으로 대부분의 개체에 대칼 기호가 쓰여져 있었는지 그 의도하는 바는 분명하지 않지만, 사례의 증가로 향후 해명될 것이다. 고쇼가와라 가마(五所川原窯)에서 생산된 스에키는 홋카이도(北海道)의 오호츠크 해 연안에서도 발견되지만, 다만 북위 40도 이남에는 확인되지 않는다. 따라서 에미시(蝦夷) 사회에서 그 이북을 향한 수출품이라고 볼 수도 있다. 특징적인 분포 형태를 포함하여 아직 해명되

---

73) 모노이미후다(物忌札); 삼가할 때 저택 앞에 게시해서 삼가 중임을 나타냄과 동시에 귀신 등의 침입을 방지하기 위한 찰.

74) 스에키(須惠器); 5세기 무렵 한반도에서 일본으로 전해진 기술로 만들어진 소성물. 가마를 사용하여 고온에서 산화소성해서 만들어졌기 때문에 하지끼와 비교해서 단단하고 튼튼한 만큼 집락 내에서 생산되지 않고 생산지가 한정된다.

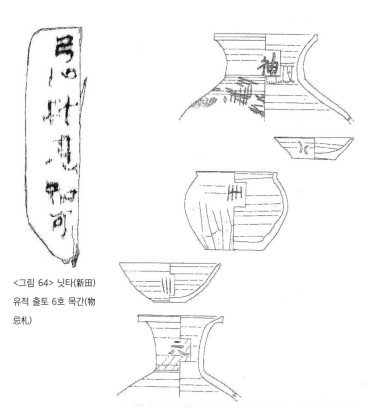

<그림 64> 닛타(新田)
유적 출토 6호 목간(物
忌札)

<그림 65> 고쇼가와라(五所川原) 가마에서 생산된 스에키의 대칼 기호

지 않은 부분도 많다. 스에키 가마와 대칼 기호와의 관계에 대해서는
향후 연구의 진전이 기대된다.

문자 문화의 영위로 연결되는 동아시아 세계

출토 문자 자료가 잇는 세계는 일본 열도의 남북 범위에 그치지 않

는다. 한자라는 공통의 문자를 사용하고 있던 동아시아 세계 속에서 문자로 어떻게 이용하느냐는 점에서 본다면 공통된 요소를 많이 지적 할 수 있다. 한국과 중국에서 발굴 등으로 발견되는 출토 문자 자료와 일본의 출토 문자 자료가 연결되는 부분은 많다. 같은 서적을 읽고 같은 지식을 가지고 또 같은 도구를 사용하여 문자를 읽고 쓰던 동아시아 세계에서 문자문화는 당연히 연결되어있다.

출토 문자 자료는 문자가 기록된 물건으로, 지역을 넘고 국경을 넘어 연구 방법에서 공통되는 면을 가지고 있다. 동아시아에 공통된 한자로 적힌 한문 자료로서 또 문자를 쓰는 소재도 종이 · 나무 · 돌 · 금속 등 공통하는 하나의 큰 문화의 틀 속에 있다고 해도 좋다.

<그림 66> 有銘환두대도(ⓒ동경국립 박물관)

한반도 출토 문자 자료와의 관계

일본에 문자 문화를 전한 한반도의 출토 문자 자료는 일본의 것과 대단히 가까운 요소를 많이 가지고 있다. 이를테면 도쿄국립박물관(東京國立博物館)에 소장된 한반도 출토 大刀 중에 '……不畏也□令此刀主富貴高遷財物多也(…… 두려워 하지 않다. 이 칼의 주인으로 富貴高遷해서 재물이 많게 되소서)'라는 명문을 가진 삼국 시대의 것이 알려져 있다(그림

66).

이 명문은 이 칼을 가지고 있으면 좋게 혜택받을 것이라는 취지의
길상구이지만, 이러한 문구는 일본의 5세기 무렵의 고분에서 출토된
도검의 명문에도 보이며, 구마모토현(熊本縣) 다마나군(玉名郡) 나고미
정(和水町)의 에타후다야마(江田船山)고분 출토 대도에도 '이 칼을 착
용하는 것은 장수하며 자손이 가득하고, □의 은혜를 얻게 된다. 그
통치하는 것을 잃지 않는다.'가 보인다(그림 67).

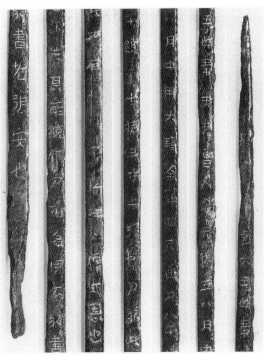

<그림 67> 江田船山古墳 출토 大刀

앞에서도 언급했듯이 원래 국내에 이런 명문을 상감하여 기록하는 기술은 없었고, 한반도에서 들어온 것이다. 칼에 길상구를 적는 행위와 함께 그 기술을 들여 온 것이며, 당연히 당초 이러한 기술을 담당한 사람은 한반도에서 건너온 기술자였다. 공통된 기술을 통해 완성된 명문은 5세기 경에 한반도와의 문화의 일체성을 말해 준다.

목간도 최근에는 한반도와의 공통성이 주목 받고 있다. 한국에서는 지금까지 300여점(※역자주: 2022년 1월 기준 현재까지 발견된 한반도 출토 목간은 낙랑 131여점, 신라 398점, 백제 96+125(부스러기 목간 125점)점, 고려 172점, 조선 64점, 원대(신안선) 364점에 달한다)의 목간이 발견되었으며 2007년 1월에 한국목간학회도 설립되어 한국 내에서도 목간에 대한 관심이 높아지고 있다. 한국 목간의 출토 예가 증가함에 따라 일본의 목간과 비교하여 공통된 요소가 거듭 떠오르게 되었다.

7세기의 목간을 일본과 한국을 비교해 보면 간지에 의한 기년을 기재하는 거의 같은 양식으로 보아도 좋다(그림 68·70). 문장의 시작 부분에 간지로 기년을 쓰는 양식은 같은 시기 중국에서는 연호를 사용하여 문장의 끝에 年紀을 두고 있는 것에 반해 일본 목간과 한국 목간의 일체성을 상징하는 것 같다. 일본에 전해진 목간 문화는 근원을 따지면 한반도 유래이며 일본 목간의 직접적인 원형은 한반도에서의 목간 체계 속에 있다고 할 수 있다. 8세기 일본의 일부 하찰 목간에는 하단부에 홈을 넣은 것이 보인다(그림 71). 매우 예외적인 특이한 모양인 것처럼 당초는 생각하고 있었지만, 이것도 최근 한국에서 같은 형태의 것이 발견되어(그림 69), 하단부에 홈을 넣는 하찰의 형태가 한반도에서의 목간 형식에서 유래했다고 생각할 수 있게 되었다. 말하자면 8세기 일본의 목간 문화는 동시기 한국의 목간 문화와 형제 관계에 있다고해도 좋을 듯 하고, 일본에 아직 목간이 확산되지 않은 시기의 한국 목간은 일본 목간의 부모에 해당하는 존재이다.

<그림 69> 하단에 절입부가 있는 목간(함안 성산산성 출토)

<그림 68> 한국의 간지년 목간(하남 이성산성 출토)

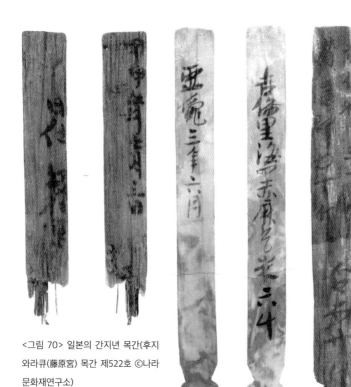

<그림 70> 일본의 간지년 목간(후지
와라큐(藤原宮) 목간 제522호 ⓒ나라
문화재연구소)

<그림 71> 일본의 하단부 꼬리표 목간(헤이조쿄(平城京)
목간 제76호(우), 평성좌경1조3방 출토목간 ⓒ나라문화재
연구소)

중국의 출토 문자 자료와의 관계

동아시아에서 문필 문화 또한 중국을 근원으로 하고있다. 중국에
서는 한대의 목간이 일찍부터 알려져 있었지만, 일본의 목간과 시대

차가 크고, 양국을 비교해도 직접 관련시켜 설명하기에는 설득력은 별로 없었다. 그러나 한국에서 정확히 중국과 일본 사이에 해당하는 시기의 목간이 발견됨으로써 한반도를 통해 몇 단계의 연결고리 속에서 일본의 목간과 중국의 목간과의 관계도 상상할 수 있게되었다. 연대와 지역을 초월한 형태적 특징을 가진 것도 지적되기 시작해서, 향후 이러한 관점에서 연구가 필요하게 될 것 같다.

또 중국에서는 서역의 건조 지대에서 종이에 쓰여진 문서도 많이 출토되고 있다. 즉 간쑤성(甘肅省)의 둔황(敦煌)에서는 저명한 막고굴에서, 신쿄 위그루(新疆維吾爾) 자치구의 투루판에서에서는 묘지군에서, 고대의 문서가 다수 발견되고 있다. 둔황 문서와 투루판 문서 중에는 호적같은 장부류와 일상의 편지류도 포함되어 있다. 필요없게 된 문서를 휴지로 재이용되어, 폐기된 정보가 남게되었다는 점에서 일본의 칠지 문서와 통하는 것이 있다. 게다가 둔황과 투루판은 중국 왕조로서는 변경지대이며, 일본에서 칠지문서가 다수 발견된 다카죠(多賀城)와 아키타성(秋田城)도 변경의 관아이기 때문에 각각의 국가에서 변경지대의 양상을 알수 있다는 점에서 공통점이 있다. 일본과 중국의 변경지역의 실태를 아는 데 귀중한 사료라고 할 수 있다.

투루판 문서 중에는 묘지에 부장된 隨葬衣物疏(그림 72)와 매지권도 보인다. 隨葬衣物疏는 고인을 위해 매장한 옷이 타인이 소유하지 못하게끔 명계의 신들과 계약한 것을 보여주는 문서이다. 그리고 매지권 모두 망자에게 사후 세계에 의미가 있기를 기록한 것이다. 명계

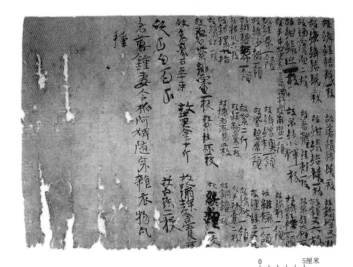

0   5厘米

<그림 72> 투루판출토 隨葬衣物疏(ⒸⒸ吐魯番博物館)

에 보이기 위해서는 묘지의 소유권을 나타내는 매지권에 대해서는
일본에서도 8세기부터 9세기에 걸친 것의 출토 사례가 있다. 현재 오
카야마현(岡山縣) 구라시키시(倉敷市)에서 에도(江戶)시대에 발견된 전
돌 매지권에는 어느 여성을 위한 묘지를 여성이 속한 鄕의 鄕長인 야
타베노마스타리(矢田部益足)라는 인물이 사서 준비했다고 刻書되어있
다(그림 73). 또한 후쿠오카현(福岡縣) 다자이후시(太宰府市) 미야노모토
(宮ノ本) 유적의 분묘에서 발견된 납판에는 선각으로 줄을 만들어 낸
가운데 100자 남짓의 문장이 묵서되어 있었다(그림 74). 모두 사망한
사람을 애도하고, 고인의 명계로의 여정을 위해 필요한 것들을 문서
로 적어서 부장한 것이다. 이러한 행위의 배경에 있는 명계의 개념은

중국 도교의 개념에서 유래한 요소가 있고 그러한 명계관의 유입을 간파할 수 있다. 문자로서 망자를 애도하는 행위 속에 중국 사상과의 관계를 현저하게 읽어낼 수 있다.

<그림 73> 야타베노마스타리(矢田部盒足)의 매지권(ⓒ倉敷考古館)

<그림 74> 미야노모토((宮ノ本)_유적 매지권(복원품 ⓒ太宰府市教育委員會)

출토 문자 자료와의 교제

일본 열도에 출현한 문자 문화는 각지에 전파함으로써 많은 지식·기술을 확산시켰다. 현대의 우리들은 그러한 공통적인 표현과 표기의 세계가 있는것에 의해 출토 문자 자료를 읽어 낼 수 있다. 문자 문화의 관계에 의해 넓은 지역에 걸쳐 역사상을 추구하는 것이 가능하게 된 것이다. 고대 사회의 다양한 측면을 밝혀 나가는데 출토 문자 자료는 많은 가능성을 내포하고 있다. 앞으로도 지금까지 예상치 못했던 것이 급격하게 밝혀 질 수 있을지도 모른다.

이러한 출토 문자 자료를 읽어내는 기술도 출토 문자 자료의 발견과 함께 걸어온 역사를 가지고 있다. 2006(平成 18)년에 간행된 『목간연구』제28호의 머리말에 이마이즈미 타가오(今泉隆雄)씨가 쓴 문장을 인용하고 싶다. '1961년 헤이죠큐(平城宮)터에서 최초의 목간이 출토한 것에 의해 일본에서 본격적인 목간연구가 시작과 함께 목간을 판독하는 일과 그 일에 전문적으로 종사하는 사람들이 탄생했다' 이후 40년 이상에 걸쳐 이러한 출토 문자 자료를 읽은 현장에서의 노력이 계속되어왔다. 당초에는 물을 담은 용기 속에 있었던 목간에 스포트라이트의 광선을 대고, 혹은 길쭉한 유리병에 물을 넣은 가운데 세로로 목간을 넣어 다양한 각도에서 바라 보거나 육안으로 관찰하는 방법으로 다양한 변화를 더해서 능숙한 기술이 고안된 것이었다.

현재는 먹의 탄소에 반응하는 적외선 텔레비전 카메라의 도입으로 판독이 곤란하였던 얇은 墨痕에도 어느 정도 대응할 수 있는 기술이 이화학적 방법의 진보에 의해 진행되고 있다. 그러나 아무리 기계적인 기술이 진행되어도 마지막으로 문자를 읽어내는 건 인간의 눈으로 본 자형의 판단임은 변함이 없다. 사진 평면상의 墨痕 위치에서 문자를 자동적으로 인식하는 시스템이 개발되었다하더라도 어떤 자형을 어떤 문자로 인식 하는가는 판단 자료를 미리 기계에 입력하는 것 역시 인간의 일이다.

기계가 만능이 아님은 출토 문자 자료를 석독하는 현장에서 항상 통감하는 일이다. 적외선 텔레비전 카메라에서 모니터로 비춰진 영상을 봐도 '그런데 지금 화면에 비쳐있는 문자는 무엇일까?'라고 모니터를 주시하는 작업이 이어진다. 자세한 통계를 취한게 없기 때문에, 어디까지나 느낌이지만, 전국에서 발견되는 墨痕과 대칼로 쓴 흔적이 있는 출토 자료 중 석독에 의해 기록된 문자를 확정하는 것은 절반에도 미치지 못한다. 몇 년 동안, 혹은 수십 년 동안, 보일듯 말듯한 문자와의 교제를 이어가고 있고, 이러한 어려운 작업 현장에서 오늘도 각지의 연구자가 한점 한점의 자료를 소중하게 다루면서 각각 최대한의 정보를 끌어내려는 노력을 하고 있는 것이다.

이 책에서 다양하게 소개해온 연구 성과도 이러한 꾸준한 작업 현장 속에서 태어난 것이다. 석독해낸 출토 문자 자료의 재미와 동시에, 다른 한편으로는 좀처럼 잘 석독되지 않는 수많은 자료도 있다. 그러나 어떤 자료에도 우열은 없다. 아무리 작은 조각이라도 다양한 가능성이 깃들어있는 것에는 변함이 없기 때문이다.

번역 후기

이 책은 ㈜야마카와출판사(山川出版社)에서 출간한 『지하에서 출토된 문자(地下から出土した文字)』(2007.9.28. 초판발행)를 한국어로 옮긴 것이다. 책 제목에서 유추할 수 있듯 땅 속에서 출토된 문자자료를 소개하고, 이것을 역사 연구에 어떻게 활용할 수 있을지에 대한 거듭된 고민의 결과물이다.

고대사연구는 비단 일본뿐만 아니라 한국에서조차 연구 환경이 녹록치 않다. 우선 현전하는 문헌사료가 빈약할뿐더러 그마저 후세에 정치적인 입장이 반영되어 재편집되었기 때문이다. 그런 점에서 출토문자자료는 당대인의 육필을 느낄수 있는 1급 자료라 할 수 있다. 더욱이 목간은 대부분 간단한 명령수행이나 물품에 매달린 레테르라는 점에서 윤색할 필요가 없다. 이점이 바로 목간이 가진 가공할 만한 잠재력이라 할 수 있겠다.

일본은 1961년 헤이조쿄(平城京)에서 목간이 처음 출토된 이래 현재는 47만점이란 방대한 양이 축적되어 바야흐로 목간학이라 부를 수 있는 학문의 영역으로 자리매김하고 있다. 일본학계는 목간을 체계적으로 정리하고, 그것에 내재된 정보를 끄집어 내어 역사복원에 이용할 고민을 거듭해 왔다. 그 결과 1979년에는 목간학회라는 연구

단체를 결성되었고, 실물자료의 대부분을 나라문화재연구소에서 주도하여 관리하고 있다. 이 책을 집필한 저자 가네가에 히로유키 선생님 역시 일본 목간 연구를 주도하는 학자 가운데 1인이다. 현재는 학습원 대학의 교수로 근무하고 있지만 과거 여러 발굴현장에서 직접 조사한 경험도 있다. 이러한 현장 경험을 바탕으로 목간을 바라보는 관점을 노련하게 풀어낸다. 가네가에 선생은 목간에 더해 토기, 기와에 쓰여진 명문도 고대의 역사상을 풍부하게 해 주는 1차 사료임을 강조한다. 당대인이 남긴 육필 흔적을 가벼이 여기지 말라는 말씀으로 받아들여진다.

사실 일본 목간의 원조에 해당하는 한국은 수량적으로는 많지 않다. 그럼에도 1975년 경주 월지(안압지)에서 목간이 처음 출토된 이래 전국에 걸쳐 출토사례가 집적되고 있다. 그리고 뒤늦은 감은 있지만 2007년 한국목간학회가 결성되어 왕성한 활동을 펼치고 있다. 이제 목간은 동아시아에서 역사 복원을 위한 하나의 자료군으로 문헌 못지 않는 위상을 차지하고 있는 듯 하다. 한국에서도 목간학의 열풍이 느껴진다.

책은 크게 4장으로 구성하여 출토 문자자료의 가치를 설명하고 있다. 예컨대 Ⅰ장에서는 출토 문자자료의 개념에 대해 서술하였다. 출토 문자자료는 지하에서 발굴조사를 통해 실체가 드러난 만큼 고고학 유물인 점을 강조한다. 이때 유물은 어떤 고고학적 맥락에서 출토되었고, 정리에서 이용까지 어떠한 과정을 거쳐 연구에 이용되는지에 대해 상세히 소개하고 있다. 이어 Ⅱ장에서는 실제 출토 문자자료를 이용하여 다양한 고대 사회의 모습을 그려내고 있다. 실제 문자자료를 통해 역사서의 설명이 뒷받침되기도 하고, 반대의 논거도 생기게 된다. 비근한 예로 1967년 12월 후지와라쿄 북쪽 외호(外濠)에서 출토된 '己亥年十月上捄国阿波評松里□'이라 적힌 목간을 통해 '개신의 조'라 불리는 문서가 『일본서기』편찬시에 가필되고 후세에 윤색되었다는 사실이 드러났다. 이로인해 '군평(郡評) 논쟁'이 종지부를 찍은 사실은 이제 상식이 되었다. 그리고 실제 말단관리나 서민의 모습 등 잘 알기 어려운 사실들을 입체적으로 복원하고 있는 것도 이 책의 백미이다. 그중 威內大村 골장기의 외형 분석에 대한 상상은 등골이 오싹할 정도로 수긍이 간다. 센카(宣化) 천황의 자손이었지만 먼 지방의 임지에서 혈기 왕성한 나이에 죽은 威內大村. 지금도 빛을 잃지 않은 황금색 찬란한 골장기는 죽음을 부정하고 싶은 유가족의 고통이 투사된 것이리라.

Ⅲ장에서는 출토 문자자료의 분석방법에 대해 자세하게 설명하고 있다. 문자자료가 지하에서 출토되었다는 점에서 고고학 자료로서 다룰 것과 폐기양상, 형태, 다양한 석독 방법, 다른 유적과의 비교고찰 등 자료에 주관이 개입될 여지를 최대한 막고 있다. 특히 수백 조각씩 나눠져버린 칠지문서를 인내하며 복원하는 모습, 이를통해 문서의 서식을 추적해 나가는 과정 등은 미시사적 역사의 복원으로 배울점이 많다.

마지막 Ⅳ장에서는 일본 열도에서 출토된 문자자료를 정리한 다음, 이것을 동아시아적 시각에서 한반도나 중국 출토 문자자료와의 관계를 검증하고 있다. 그 결과 일본의 문자 문화라는 것이 중국에서 한반도를 경유하여 최종적으로 일본 열도에 정착한 사실을 다시금 상기시키고 있다.

끝으로 번역과정에서 세심한 조언을 해준 사업단 동료 橋本 繁교수와 도판자료 제공에 협력해준 奈良文化財研究所, 奈良県立橿原考古学研究所, 奥州市埋蔵文化財調査センター, 多賀城市埋蔵文化財調査センター, 長野県埋蔵文化財センター에 감사의 말씀을 드린다.

이 책은 일반인을 대상으로 출토 문자자료를 알기 쉽게 설명한 개설서이다. 그리고 문자에 관심을 둔 독자들을 위해 출토 문자자료의 분석 방법을 친절하게 설명하고 있다. 향후 문자에 관심을 둔 학문 후속세대를 위한 길잡이 역할을 톡톡히 해낼 것이다.

경북대학교 인문학술원

HK+연구교수

이동주

一 参考 文献

犬飼 隆,「木簡による 日本語書記史』笠間 書院, 2005.

今泉 隆雄,『古代木簡の研究』, 吉川弘文館 , 1998.

上原 真人·白石 太一郎·吉川 真司·吉村 武彦 編,『列島の古代史6 言
　　　語と文字』, 岩波書店 , 2006.

大庭 脩 編著,『木簡【古代からのメッセージ】』, 大修館書店 , 1998.

沖森 卓也·佐藤 信,『上代木簡資料集成』, おうふう , 1994.

鐘江 宏之,「廃棄された 文字の世界」赤坂 憲雄·中村 生雄·原田 信男
　　　·三浦佑之編,『いくつもの 日本II あらたな 歴史へ』, 岩波書店
　　　, 2002.

狩野 久,「日本古代の国家と都城』, 東京大学 出版会, 1990.

狩野 久編,『日本の美術160 木簡』, 至文堂 , 1979.

川崎 市民 ミュージアム 編,「古代東国と木簡』, 雄山閣 出版 , 1993.

岸 俊男,『宮都と木簡』, 吉川弘文館 , 1977.

岸 俊男,『遺跡·遺物と古代史学』, 吉川弘文館 , 1980.

岸 俊男,『日本古代文物の研究』, 塙書房 , 1988.

鬼頭 清明,「木簡の社会史』, 河出書房新社 , 1984. (のち 講談社 学術
　　　文庫 1670として 刊行, 講談社, 2004.)

鬼頭 清明,『木簡』, (考古学 ライブラリー 57) ニュー サイエンス 社 ,
　　　1990.

鬼頭 清明,『古代木簡の基礎的研究』, 塙書房 , 1993.

鬼頭 清明,『古代木簡と都城の研究』, 塙書房 , 2000.

小谷 博泰,『木簡と宣命の国語学的研究』, 和泉書院 , 1986.

小谷 博泰,『上代文学と木簡の研究』, 和泉書院 , 1999.

佐伯 有清「古代東アジア金石文論考』, 吉川弘文館 , 1995.

佐藤 信,『日本古代の宮都と木簡』, 吉川弘文館 , 1997.

佐藤 信,『古代の遺跡と文字資料』, 名著刊行会 , 1999.

佐藤 信,『出土史料の古代史』, 東京大学 出版 会 , 2002.

高島 英之,『古代出土文字資料の研究』, 東京堂 出版 , 2000.

高島 英之,『古代東国地域史と出土文字資料』, 東京堂 出版 , 2006.

寺崎 保広,『古代日本の都城と木簡』, 吉川弘文館 , 2006.

東野 治之,『正倉院文書と木簡の研究』, 塙書房 , 1977.

東野 治之,『日本古代木簡の研究』, 塙書房 , 1983.

東野 治之,「 木簡が語る日本の古代』, (岩波新書 231) , 1983.(のち
　　　　増補し同時代ライブ ラリー 319 として 刊行 , 岩波書店 ,
　　　　1997.)

東野 治之,『書の古代史』, 岩波書店 , 1994.

東野 治之,『長屋王家木簡の研究』, 塙書房 , 1996.

東野 治之,『日本古代金石文の研究』, 岩波書店 , 2004.

奈良国立文化財研究所 飛鳥資料館編,『日本古代の墓誌』, 同朋舎 ,
　　　　1979.

早川 庄八,『日本古代の文書と典籍』, 吉川弘文館 , 1997.

平川 南,『漆紙文書の研究』吉川弘文館 , 1989.

平川 南,『よみがえる古代文書』(岩波新書 新赤版 349) 岩波書店 ,
　　　1994.

平川 南,『墨書土器の研究』, 吉川弘文館 , 2000.

平川 南,『古代地方木簡の研究』, 吉川弘文館 , 2003.

平川 南 編,『古代日本の文字世界』, 大修館書店 , 2000.

平川 南 編,『古代日本文字の来た道』, 大修館書店 , 2005.

平野 邦雄·鈴木 靖民 編,『木簡が語る古代史 上 都の変遷と暮らし』,
　　　吉川弘文館 , 1996.

平野 邦雄·鈴木 靖民 編,『木簡が語る古代史 下 国家の支配としく
　　　み』, 吉川弘文館 , 2001.

文化庁 文化財保護課 監修,『月刊 文化財』, 第 362 号 (特集：墨書 土
　　　器 の 世界) , 1993.

雄山閣 出版 , 1993. 木簡 学会 編,『日本古代木簡選』, 岩波書店 ,
　　　1990.

木簡学会 編,『日本古代木簡集成』, 東京大学出版会 , 2003.

森 公章,『長屋王家木簡の基礎的研究』, 吉川弘文館 , 2000.

山中 章,『日本古代都城の研究』, 柏書房 , 1997.

李成市,「韓国出土の木簡について 」,『木簡研究』, 19 , 1997.

『季刊 考古学』, 第18号 (特集：考古学と出土文字) 雄山閣出版 , 1987.

圖版所蔵·提供者·出典一覧(敬称略)

그림 1 奈良文化財研究所

그림 2 東京都教育委員会·文化庁編「発掘された日本列島 '95新発見考古速報」朝日新聞社, 1995年

그림 3 奈良文化財研究所

그림 4 文化庁所蔵·奈良県立橿原考古学研究附属博物館保管

그림 5 東京国立博物館 Image:TNM Image Archives Source:http://"lnmArchives.jp/

그림 6 秋田市教育委員会火田城跡調査事務所

그림 7 木簡研究 1, 1979

그림 8 藤枝市郷土博物館

그림 9~12 多賀城市教育委員會

그림 13·14 奈良文化財研究所

그림 15 東北歴史博物館

그림 16 国立歴史民俗博物館

그림 17 国(文化庁)保管·埼玉県立さきたま史跡の博物館

그림 18 東京国立博物館 Image:TNM Image Archives Source:http://]lnmArchives.jp/

그림 19 金挙神社·京都国立博物館

그림 20 국립부여박물관, 『나무속 암호 목간』, 2009

그림 21 多賀城市教育委員會

그림 22 矢巾町教育委員會

그림 23 木簡研究 22, 2000

그림 24~26 奈良文化財研究所

그림 50 東北歷史博物館

그림 51~53 奈良文化財研究所

그림 54·55 長野県埋藏文化財センター

그림 56 山武考古学研究所編「原子遺跡群」1990年

그림 57左 袖ヶ浦市·(財)君津市文化財センター「文脇遺跡」1992年

그림 57右 (財)君津郡市文化財センター編「永吉台遺跡群」1985年

그림 58 千葉県教育委員會·(財)千葉県文化財ンター「公津原I」1981年

그림 59 長野県埋蔵文化財センター

그림 60 長野県埋蔵文化財センター(부분사진)(写真部分のみ)

그림 61 木簡研究 20, 1998

그림 62上 九州歷史資料館「大宰府史跡 昭和59年度発掘調査概報」
　　　　 1985年

그림 62下 在美市立在美博物館

그림 63上 余市町教育委員會「1993年度川遭跡発掘調査概報」1994
　　　　 年

그림 63中 青森市教育委員會編「野木遺跡発掘調査報告書I」2001年

그림 63下 青森県教育委員會編「石上神上遺跡発掘調査報告書」1977
　　　　 年

그림 64 青森市教育委員會編「石江勤跡群発掘調査報告書」2007年

그림 65 五所川原市教育委員會「五所川原須恵器窯跡群」2003年

그림 66 東京国立博物館 Image:TNM Image Archives Source:
　　　　 http://"înmArchives.jp/

그림 67 東京国立博物館 Image:TNM Image Archives Source: http://"tnmArchives.jp/ 奈良國立博物館, 『發掘された古代の在銘遺物』, 1989, no. 23-1

그림 68·69 国立昌原文化財研究所「韓国의古代木簡」2006年

그림 70·71 奈良文化財研究所

그림 72 吐魯番博物館

그림 73 倉敷考古館; 奈良國立博物館, 『發掘された古代の在銘遺物』, 1989, no. 57

그림 74 太宰府市敎育委員會; 奈良國立博物館, 『發掘された古代の在銘遺物』, 1989, no. 58

가네가에 히로유키(鐘江 宏之)

1964년 일본 후쿠오카현 출생

1988년 동경대학 문학부 국사학 전수과정 졸업

1990년 동경대학대학원 인문과학연구과 修士과정 국사학 전공 수료

1995년 동경대학대학원 인문과학연구과 박사과정 단위취득

　　　　동경대학대학원 인문사회계 연구과조수

현재　　학습원대학 문학부 교수

[주요논저]

『율령국가와 만엽집 시절의 사람들』(小學館, 2008)

『동아시아 바다를 둘러싼 교류의 역사적 전개』(공저, 東方書店,

2010)

「군가(郡家)와 장소(庄所)」 『나라(奈良) 도성과 지방사회』(佐藤信編, 吉川弘文館, 2010)

「나라(奈良)시대의 관도 식수를 둘러싸고」 『〔증보〕歷史遊学』(山川 出版社, 2011)

「수나라 사람이 본 왜의 풍경」 『견수사(遣隋使)가 본 풍경』(氣賀澤 保規編, 八木書店, 2012)

「칠도제(七道制)」 『고대 산국(山国)의 교통과 사회』(鈴木靖民ほか 編, 八木書店, 2013)

이동주(李東柱)

1976년   경북 영천 출생
2003년   경주대학교 문화재학과 졸업
2007년   동국대학교 사학과 대학원 석사졸업
2018년   경북대학교 사학과 대학원 박사졸업
현재   경북대 인문학술원 HK 연구교수

[주요논저]

『문자로 본 가야(공저)』(사회평론, 2020)

『신라 왕경 형성과정 연구』(경인문화사, 2019)

『설총과 문자 그리고 신라의 유학(공저)』(삼성현역사문화관, 2018)

「신라 왕경 사찰의 분포와 추이」(『신라문화』 59, 2021)

「신라의 창고 관리와 운영」(『신라문화』 58, 2021)

「신라 동궁의 구조와 범위」(『한국고대사연구』 100, 2020)

「新羅의 文書行政과 印章」(『영남학』 75, 2020) 등

색인

가나다순으로 정렬

경북대학교 인문학술원
HK+사업단 번역총서 03

지하에서
출토된
문자

지은이 | 鐘江 宏之

옮긴이 | 이동주

발행인 | 최병식

발행일 | 2021년 1월 28일

주류성출판사

서울특별시 서초구 강남대로 435 주류성빌딩 15층

전화 | 02-3481-1024(대표전화) 팩스 | 02-3482-0656

홈페이지 | www.juluesung.co.kr

ISBN 978-89-6246-474-0 94910

ISBN 978-89-6246-447-4 94910(세트)